圖・

孩子需要的繪本180選

2020年修訂版
整合108課綱

臺灣師範大學教育碩士・繪本工作者
海狗房東——著

suncolor
三采文化

序言

走進故事、走向世界

海狗房東

繪本常常被小看了！無論我們以休閒、教養或學習的角度看待它們，都只看到繪本最表層的功能性。

就說說「休閒」吧！即使沒有特定「核心價值」、純粹讓我們看了笑開懷的繪本，也不只有娛樂的作用，這樣的故事，讓我們有機會成為一個有幽默感、能在平凡事物中發現趣味的人。

至於「教養」和「學習」，繪本可不是讓我們拿來教孩子學習「好品格」、「好習慣」的工具，或許有不少徒有「繪本形式」而不具「內涵」的教材式童書如此宣稱，但真正好的繪本，還能**讓大人對於教養產生更豐富的想像，從各種不同的角度重新認識孩子真正的樣子，而不試圖將孩子修剪成大人想要的樣子。**

好的故事總是讓人著迷，小孩子、大孩子、大人心裡的小孩子都喜歡聽故事；開心的故事、暖心的故事、令人屏息的故事、教人深思的故事、從困境中走出或從創傷中恢復元氣的故事……

繪本除了有文字說故事，還有圖畫也在說故事，怎麼有理由不愛它們、小看它們呢？

近幾年繪本的出版量越來越大，無論是經典或新作、翻譯或原創，類別與主題都非常豐富，初接觸繪本的讀者彷彿面向一片繁星點點的夜空，想摘下一顆，卻不知從何下手，因為某些耀眼的星星不見得適合你，某些值得探索的星星又太遙遠。本書將在繪本的星空中，為讀者以「孩子的世界」和「世界的孩子」兩個大方向，介紹一些很好的作品，提供參考。

無論是「孩子的世界」或是「世界的孩子」，這樣的方向會不會太無邊際呢？我一度也思考過這個問題，畢竟有不少教師、家長，希望可以有更明確、實用的主題，例如「幫助孩子改變挑食習慣的繪本」、「讓害羞的孩子增進人際互動的繪本」等等，但是繪本並不具有矯正的功能或療效，況且，過度抱持這樣的想法為孩子說故事，往往一個好的故事也會變成一個說教的故事。

「孩子的世界」、**「世界的孩子」**，這兩個方向看起來很大，但聚焦來看，前者關注的是「個人」，包含孩子小小生活圈中的家庭和重要的生命經驗；而後者關注的則擴及家庭之外的人際關係，乃至個人在更廣大的生命和世界之間，所處的位置和能夠負起的責任。因此，在「世界的孩子」這一章中，關注的焦點會逐漸從「個人」轉移到「公民」。

在「個人」的階段，我們渴望認識自己、渴望豐厚的愛和健全的依附關係，內在的小宇宙需要先被照顧好；到了「公民」的階段，我們開始在更廣大的世界碰撞、體驗、嘗試找到自己的位置，投身參與創造一個更好的世界。簡單來說，**這兩大主題，是從「個人情感」進展到「公民意識」，也可以說是從「自己是世界的中心」到「把世界放在自己心中」的過程。**

這本書取名為《繪本教養地圖》，地圖不同於路線圖或行程表，旅人拿著地圖只是為了找到參照的位置或有興趣的去處，**書裡選出的繪本像是地圖上標示的景點**。與孩子共同成長的旅途上，你們可以自由安排行程，決定適合的速度和深度，也可以另外開發私房的景點。因此，在「孩子的世界」與「世界的孩子」這兩個大方向之下的十一個小主題，並沒有所謂的「閱讀的順序」，或是照書教養的步驟，你可以依據自己與孩子當下的感覺和興趣，決定順序與步調，甚至增列更多屬於你們私心喜歡的書單。

在本書的最後，也會以「故事的心意」為核心，分享一些親子共讀的概念與選書的想法，同時也列出幾項較為「素樸」的說故事技巧，畢竟本書不是為了「表演式說故事」或「帶故事活動」的需求所寫。「素樸」的說故事技巧像是家常菜，簡單但有豐盛的心意，在基本的食材和烹調技巧中，每個家庭都會發展出自家的氣味。

撰寫本書的過程，在訂定主題以及為各個主題選書時，好像沿著海岸撿拾貝殼，想選的真不少，能放在掌心的就只有這麼多，最後只能留下少部分的作品。選介的作品雖然不足以包羅一切，但當作一個「起點」，倒是可以的。

翻開這本書的時候，你已經站在起點上了。宛如任意門一樣的繪本故事在你面前，和孩子一起打開它們，在心中的小宇宙、生活中的小世界，和更廣大的世界來回穿梭吧！**無論向內或向外，盡情探索、練習平衡，成為自己最喜歡的樣子，也成為讓世界更美好的一粒種子。**

開始吧！為孩子，也為自己心中的孩子打開門，走進故事，走向世界！

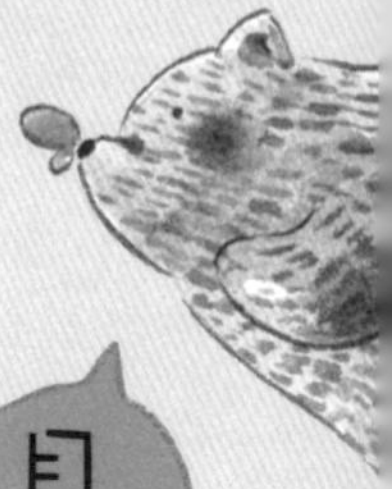

目錄

Part 2

PART 1

「孩子的世界」主題繪本選讀

孩子的世界，在很有限的生命經驗中，還未向外擴展得很遠，但是孩子除了以家庭為中心的小小生活圈之外，心中還有一個與身體和年齡不成比例的小宇宙，這個宇宙裡，收納了他們獨特的想法、疑問、煩惱、各種明白與不明白，和不斷發展、膨脹的世界觀。

因此，孩子的世界看似不大，其實是超乎我們想像的深邃，在孩子的世界中發生過的所有點點滴滴，都會沉積下來，成為他們建構世界觀或是發展人際關係的基礎。仔細想想我們自己在孩提時期的經驗，就能理解它們對我們一生的影響。那些「過去」其實從未過去，所有的「過去」都成為我們「現在」的一部分。

在「孩子的世界」這個大方向之下，將分為「我喜歡我自己」、「各種男孩和各種女孩」、「對愛渴望」、「不夠好，卻也夠好的家」、「心的氣象台」、「生命的終點站」六個主題，分別選出一些很好的作品，讓這幾個與孩子生活圈和生命經驗最早發生關係的主題，有稍微清晰的輪廓。這幾個主題，包含自我認同、接納與包容、依附與信賴關係的建立、家庭可能面對的問題，以及可能很早就會面臨的生死衝擊。

一、我喜歡我自己

關鍵字　自我認同、自信、成長、個人獨特性

「自我認同」是每個人成長過程中的必修課，對孩子而言，剛開始意識到我與別人不同時，自我認同的課程就悄然展開。因此，「自我認同」是繪本中極為常見的主題，而這個主題的範圍，遍及外貌、特質、能力到所有物等等，非常廣泛。

★外貌的比較

當孩子與同儕相處互動的機會增加了，外貌的比較往往是有點難度的「第一課」。像是《大鯨魚瑪莉蓮》中的胖女孩，因為總是在游泳課跳水時濺起大水花，被同學嘲笑「瑪莉蓮是大鯨魚」，她漸漸也自認為在水中稍微移動身體就會引起「大海嘯」，心中便對游泳課非常抗拒。故事剛開始的兩頁，就道盡同儕眼光帶來的心理壓力：

瑪莉蓮換好衣服，走出了更衣室……邊走邊數著，最後在第七水道停下來……她總是想辦法排在最後一個，因為每次她一跳進水裡，就會濺起巨大的水花……

從以上這段的描述中可以清楚感覺到，在同儕目光下，這段短短的路，變得如此漫長難耐。瑪莉蓮其實游得很不錯，但卻打從心底抗拒游泳課。教練察覺到她的心思，在課後問她：「妳不喜歡游泳嗎？妳游得很好啊！」瑪莉蓮坦言並不是不喜歡游泳，而是覺得自己太胖了。教練聽了之後，給她一個很有趣的建議：「如果妳試著想像自己很輕，妳就會游得很好。妳覺得鳥和魚會覺得自己很胖、很重嗎？當然不會！有時候，我們的想法會決定我們成為什麼樣的人。」這頁的圖，不只有教練耐心陪瑪莉蓮坐在泳池邊，繪者還在兩人身旁個畫了一隻肉呼呼的燈籠魚和一隻身型巨大的鸛鳥，為教練的一席話加強了說服力。共讀本書時，即使成人不多說，孩子也能從視覺獲得的訊息，更加覺得教練的話是可信的。

教練給的建議，瑪莉蓮真的執行了，不僅克服許多生活中的困難，更棒的是，她不再需要透過想像自己很輕，才能肯定自我。在故事的最後，另一個女孩給瑪莉蓮出難題，要她從高高的跳水台上跳入泳池裡．瑪莉蓮明白這位同學是惡意要為難她，但是她仍接受這個挑戰。這一次，她不再想像自己是輕盈的小魚，以免濺起太大的水花而遭受嘲諷，瑪莉蓮反而想像自己是一隻「超級無敵大鯨魚」，而她濺起的巨浪撲向了誰呢?當然是那位等著看瑪莉蓮出糗的女同學。同樣是濺起大水花，從瑪莉蓮開朗的笑顏看來，她已經樂於當一隻大鯨魚了，不管別人怎麼看，她接受、也喜歡這樣的自己！

★不一樣，不必自卑

因為外貌特別與人不同，或身體殘疾的孩子，在自我認同的歷程中更加不易。這樣的主題如果太寫實，一處理不當，對孩子來說，可能會因直接聯想到自己的處境而感到難過。幸好有不少故事的表現是以動物為主角，多了故事的想像空間，可以淡化直接指涉可能帶來的不適，例如《短耳兔》和《不一樣，超神氣》就是此類的作品。

《短耳兔》的主角冬冬和一般的白兔不同，他的耳朵又小又圓，雖然他知道對一隻兔子來說，跑得快、跳得高比耳朵的長短更重要，但仍嘗試許多方法，想讓耳朵變長。每個方法都極為異想天開，他甚至烤了兩個漂亮的「兔耳朵麵包」放在頭頂上。

這個方法當然是不管用的，但也在一次意外之後，讓冬冬的烘焙手藝不脛而走，開了一家大受歡迎的「兔耳朵」麵包店。

《不一樣，超神氣》是比利時重量級創作者G.V.傑納頓最著名的作品之一，這本書比《短耳兔》更早在兔子的耳朵上找到靈感，創造出世界知名的兔子Rikki，最新的中文版將他命名為奇奇。奇奇的耳朵長度完全沒有問題，但是右耳卻是垂耳，奇奇也想了許多不同的方法，想要和其他的兔子一樣有著直挺挺的耳朵。雖然他的方法看起來都奏效了，但是模樣都有點好笑。

奇奇去看醫生，醫生說：「你那隻耳朵根本沒有問題。雖然它不是那麼挺，卻可以聽得很清楚。而且，所有的耳朵本來就都不一樣嘛！」確實如此啊！雖然其他兔子的耳朵都是直挺挺的，但是直挺挺的耳朵各自都有不同之處。奇奇也想起家人的耳朵：「媽媽的耳朵很可愛，爸爸的耳朵很強壯，外公的耳朵一副好聰明的模樣，外婆的耳朵好軟好軟」。釋懷的奇奇不再想方設法改變自己的耳朵，反而讓所有的兔子朋友都跟著他把耳朵變得「一上一下」。大家都一樣，也都不一樣。這個故事最好的部分也在這裡，奇奇不僅接受自己的樣子，也因為開始喜歡自己的樣子而能自嘲。他的

自嘲不是出於自卑的自我防衛，反而是可貴的自信。最後讓他受到朋友們喜歡的不是他的外在，而是這一份自信。

★鼓勵孩子的獨一無二

談及自我認同的故事，不一定都要在被嘲笑、排擠的處境中，經歷艱辛的自我否定後再自我追尋的歷程，大衛．麥基的《大象艾瑪》，就是非常開心的作品。艾瑪是童書界最有名的大象之一，他的與眾不同是任何人都能一眼看出來的。艾瑪不是一隻灰撲撲的大象，他有彩色方格遍布全身，繽紛的色彩就象徵著他開朗又機靈的性格。這樣的他，很受大家歡迎，有他在的地方就有歡笑。即使艾瑪一度自我懷疑，想著：「誰聽說過世界上有彩色的大象呢？難怪他們都要笑我」，並將自己塗成一身灰，象群少了原本的他，變得嚴肅無趣，艾瑪很快就壓抑不住調皮的本性，全身灰撲撲的他，隱身在象群中，再度逗樂一大群象。

一個人的獨一無二，不僅對自己是重要的，對群體也是不可或缺的存在，這是《大象艾瑪》所演示的最重要的價值。這本書的結局也非常歡騰，象群將艾瑪重新變回彩色大象的那天訂為「艾瑪節」，在這天，所有的大象都把自己打扮得五顏六色，而艾瑪則要塗成大象灰出席盛會，依舊與眾不同。與眾不同，多麼值得慶祝！

每一個「我」，在世界上都是獨一無二的存在，這是達成自我認同前要領悟的核心課題。但是我們的教育制度和社會氛圍，又總是期待「正常」，最好能夠中規中矩、不要標新立異。在這兩相矛盾的狀態下，要做到「自我認同」是很不容易的。教育學者針對工業化社會以後的學校，也曾多次提出批判。他們指出，學校好像是加工廠，而學生就像是生產線上的罐頭，老師則是生產線的作業員，把相同的內容填裝進空罐頭裡，生產出一個又一個「品質一致」的罐頭。在這樣的生產線上，孩子必須改變自己或被改變，以便能適應體制並符合社會主流價值的期待。若不如此，就會成為有問題的罐頭，被畫上標記、貼上劣質品的標籤或者被淘汰。

關於個體的獨一無二，《一粒種籽》的詮釋非常別出心裁。有一粒小種籽，每年都在等待春天，期待能快點像其他的種籽朋友一樣發芽長大；他的朋友們，有些已經長成了大樹，還有一些成為美麗的花，唯獨他一直沒有發芽。為了順利發芽，小種籽多喝水、多曬太陽、勤於運動，但始終無法發芽。直到某一天，把自己關在屋裡的小種籽忽然變成一粒大種籽，還撐破了房子。前來關心他的朋友，目睹這一刻，全都目瞪口呆看著他。但翻至下一頁，也是最後一頁，大家看起來都替他開心，連他自己也是。即使長成出乎意料的樣子，終究也是「長大」了。

每次說這個故事，說到結尾這兩頁，大人小孩無不驚呼、開懷大笑。誰說長大一定要是挺拔的樹或芬芳的花，難道不能跳過發芽，直接變成一顆大種籽嗎？《一粒種籽》相較於前面幾個故事，提供給大人讀者在教養上更多不同的思考。想想我們對孩子的期待，像是男孩要有男孩的樣子、女孩要有女孩的樣子，企盼或暗自引導孩子長大後從事的職業，似乎也總不出醫師、律師、教師等等。《一粒種籽》讀起來輕鬆幽默，開心笑過之後，也許可以想的是：教養者一廂情願的期待，會不會也影響了孩子的生涯興趣，甚至自我認同呢？

★發現自己的優點

除了外表之外，自我認同中較常見的另一項課題便是「能力」。獲頒安徒生大獎的荷蘭繪本大師馬克斯・維特惠思有一系列以身穿條紋泳褲的青蛙為主角的繪本，其中幾本曾有出版社在台翻譯出版，可惜均已絕版，幸好英語、德語等版本仍可購得。這系列中有一些曾有過中譯本，其中一本《Frog is frog》，譯為《我就是喜歡我》。故事中的青蛙有一段非常天真可愛的自我認同歷程，且和孩子會面臨的歷程也很像，在尚未有機會與人比較之前，都覺得自己很好。故事的一開始，青蛙看著湖水倒影裡的自己說：

我好幸運啊！我漂亮、會游泳，跳水又比其他人都跳得好。我是綠色的，而綠色又是我最喜歡的顏色。身為青蛙，真是這世界上最好的一件事。

看起來，青蛙非常喜歡自己，沒有自我認同的問題，但是至今還沒有內容僅一頁的繪本，故事不會到這裡就結束。青蛙的朋友們也覺得自己身上的顏色很好看，且又分別舉出自己的其他長處，例如鴨子會飛、老鼠的手巧、小豬會烤好吃的蛋糕、兔子能識字讀書……。

青蛙開始自我否定，直到有智慧的野兔點醒青蛙：**每個人擅長的事都不一樣**，其他朋友也沒辦法像他跳得高、游得好，青蛙這才破涕為笑，再次滿意的看著湖水倒影裡的自己，並跳了一個只有青蛙才辦得到的超大青蛙跳。這一跳，他感覺自己好像在飛，即使不能像鴨子那樣飛，也無所謂了。

其他如《小鱷魚，最怕水》的自我認同危機也起因於能力的比較，故事中對於自己怕水感到難為情的小鱷魚，偶然中發現，自己原來是一隻噴火龍，他屬於天空而不是水底。一直以來，小噴火龍沒有**「認出」真正的自己，才會在群體中覺得自己不如同儕**。

《小鱷魚，最怕水》的故事有點教育學經典寓言〈動物學校〉的味道，喬治・雷維斯筆下的動物世界決定要開辦一所新學校，所有的動物學生都要參與共同的課程，包含跑步、爬行、游泳和飛行，還得接受相同的測驗以便能公正評量學習的成果。可想而知，原本在特定能力表現很好的動物，勢必被其他不擅長的科目拉低評量成績，原本快樂有自信的動物，紛紛失去信心或學習的動力。

★體驗成為別人的感覺

另外有一種自我認同的追尋，則很容易導向自我的迷失，通常是因為一味羨慕他人，為了模仿或迎合他人而改變自己。《想要大受歡迎的鯊魚》無論繪圖或故事都看似非常無厘頭，但卻直接命中這一點。故事中的鯊魚為了變成像海豚一樣受歡迎的魚，屢試屢敗，甚至長出雙腳走上陸地，試圖尋找懂得欣賞他的人。即使鯊魚在故事的最後看似終於受到歡迎，但卻失去尊嚴，一點也不值得開心。這個故事的情節極其荒謬，但荒謬往往能戲謔的表現出真實人生。這樣的故事，小孩多半聽得津津有味、笑聲不斷，反而是成人讀了覺得丈二金剛，但請務必放下成見，擁抱這樣的作品。

做為人，因為比較的心態，很容易不滿意現在的自己，總想著自己不夠好。《如果有一天》用很正面的角度，誘導讀者「看見自己」。這本書童叟無欺，真的能讓讀者在故事最後「看見自己」；經過許多頁的「如果有一天，我想變成……」之後，倒數第二頁的文字是「其他日子，我想當一位特殊的人，那就是……」，翻至最後一頁，文字是「我自己」，這一頁還有一面鏡子，讓讀者真的看見自己——那個獨一無二的特殊的人。

延伸閱讀

◆《沒毛雞》，和英文化
◆《恐怖的頭髮》，三之三
◆《小蜘蛛維德莉》，水滴
◆《葛斯巴》，鹿橋
◆《說自己笨的笨笨鴨》，大穎文化
◆《騎士與公主》，維京
◆《企鵝到底會什麼？》，阿布拉
◆《我的名字叫葉子》，維京

二、各種男孩和各種女孩

關鍵字 性別氣質、性別認同、性別多元觀點、包容接納

幾年前，與朋友相約進台北市立美術館看「皮克斯動畫20年展」，其中一個展廳正在播放《汽車總動員》的片段。當名叫「閃電麥昆」的紅色跑車主角在州際公路上穿越荒漠、叢林和大都會時，黑暗中傳來小女孩稚嫩的聲音說：「那是給男生看的。」展場裡會心的笑聲漫漾開來，這會心一笑其實是來自約定俗成的認知，就像粉紅色和芭比娃娃之於女孩，藍色和變形金剛之於男孩。動畫故事裡的公主故事宜讓女孩觀看，而這部賽車的故事「當然」是給男孩看的。

或許多數的男孩對交通工具、機械確實有更多的興趣，例如當時剛滿兩歲的小外甥已能識得多種汽車 logo。家庭聚會中，他以短小的指頭一一指認汽車雜誌上的相片，說出福斯、賓士、Toyota 時，全家人總是歡笑連連的稱讚他聰明。如果當時小

外甥珍惜的抱在懷裡的是時裝雜誌，熟記的是時裝而非汽車的品牌呢？家中長輩恐怕就開心不起來了。

★多元的性別氣質

性別氣質非常多元，無法只用男性氣質和女性氣質來二元劃分，這是非常粗糙的分類。如果設定嚴格、難以跨越的疆界，期待男孩就要有男孩的樣子、女孩就要有女孩的樣子，多少孩子從小就得遭受責難、嘲諷或來自父母的「矯正」，而無法展現自己？於一九三六年出版的經典作品《愛花的牛》就已經透過故事，試圖召喚讀者一起跨越性別二分的疆界。這個故事設定的背景是西班牙，在我們印象中，西班牙的公牛理應是健壯善鬥的，故事中的主角費迪南確實是隻健壯無比的公牛。但費迪南從小就不愛與其他公牛玩碰撞打鬥的遊戲，只喜歡在樹蔭底下坐著，聞著花香，就這麼待一整天都沒問題。

費迪南的媽媽原本有點擔心，自己的孩子沒能和其他小公牛打成一片，會不會感到孤單呢？但媽媽最終仍放下心中的憂慮，因為「牠是一個了解孩子的媽媽，牠讓費迪南去做牠想做的事情」。如果你家中也有一頭小費迪南，別急別擔心，跟著他的眼睛看世界，世界會不太一樣。

另有兩本經典繪本也是描寫「非典型男性氣質」的男孩，分別是《威廉的洋娃娃》和《奧力佛是個娘娘腔》，它們從一九七〇年代初版至今，已經問世將近半世紀，至今仍不斷印行。可喜的是依舊有讀者重視、守護多元的觀點，但同時卻也透露出一個訊息：距離我們所期待的那個接納多元、彼此理解的世界，還有好一段差距。因此這些繪本必須堅守在書架上，無法功成身退。

《薩琪到底有沒有小雞雞》也是台灣讀者較熟悉的性別主題繪本，不少教師或家長將它列入性別教育的書單之中。這本可愛的繪本讓孩子有機會在故事中思考，「生理男性」一定比「生理女性」更強壯、勇敢、擅長運動嗎？一個名叫薩琪的小女孩轉學加入班級以後，一群小男生發現這個小女孩竟然不畫小花而是畫長毛象，她還會爬樹，很會踢足球，打架也從來沒有輸過。從種種跡象來判斷，一群臭男生開始懷疑薩琪該不會有「小雞雞」吧！一般大人讀者看了多半覺得好笑，**這個世界又不像這群孩子所想的，只有「有小雞雞」和「沒有小雞雞」兩種人**。但仔細反思，又有多少成人可以不受男女二元對立的框限呢？

★誰說男生不可以哭？

也因為社會上普遍為男性貼上「勇敢」、「堅強」、「果決」、「強壯」等標籤，讓許多男孩在成長的過程中，情緒頻頻遭受壓抑。或許你也曾在公共場合聽過照顧者（無論是父母或是祖父母，甚至是教師）對正在哭的小男孩說：「你是男生，男生要勇敢，別哭了，快把眼淚擦一擦」，或是「哎喲，羞羞臉喔！愛哭鬼！哪有男生像你這麼愛哭！」類似的情形。我親眼目睹不只一次，希望這本《Tough Guys（Have Feelings Too）》——中譯為《鐵漢（也有情感）》，讓男孩們以及男孩的養育者都有機會讀一讀，不只是小男孩會哭，英雄也會掉眼淚，因為寂寞、失落、傷心、無助，都有可能會哭的。

在這本書中，作者畫出摔角選手、太空人、忍者、超人、牛仔、海盜、騎士脆弱的一面，他們也會有孤單、傷心、無能為力到想哭的時候。像是超人那一頁，他駝著背脊、鬆垮垮的坐在大樓樓頂，手中捧著三明治卻只看著不吃，是因為沒有胃口嗎？

有心事嗎？太累了嗎？無論原因為何，都讓人心疼。

在這本書裡，每一個在人們印象中強悍英勇的角色，其實都是躲在沒有人會發現的地方獨自落寞、流淚。讀者展書讀時，正好位於全知的角度，這些原本躲起來掉眼淚的英雄們，反而像是面對看著他們的孩子展現脆弱。相信平時防衛心或自尊心過強的小男孩、大男孩，或是所有在人前習慣挺直腰桿、表現堅強的人，讀了之後也能朝撕除「標籤」的目標前進一小步、稍微放鬆些許吧？

關於這本書，還有一個值得一提之處。書名以括號將「have feelings too」稍微藏起來，並非存而不論，反而更像是一個願意理解孩子的大人，悄悄告訴堅強太久的孩子一個貼心的祕密：「你已經很勇敢了，哭一下吧！沒關係，就算是超級英雄也會哭的，你看……」真是一本連書名都十足用心的好書。

★顛覆童話中的女性形象

以上介紹的幾本作品，都帶讀者重新看待「非典型男性氣質」的男孩，或是社會給男孩的性別刻板印象。對於女孩，社會也為女孩貼了不少標籤。除了流行文化中的女性形象、芭比娃娃塑造的偏差身體意識之外，在經典童話中，公主等待王子搭救才能獲得幸福，也給女性刻板印象增加許多深深的刻痕，刻進一代又一代孩子的心底。

提到顛覆公主的刻板印象，讀者絕對不能錯過巴貝．柯爾的幾本作品，有中文版且仍容易取得的包含《頑皮公主不出嫁》、《頑皮公主不上學》、《灰王子》等。《灰王子》（Prince Cinders）直接將灰姑娘（Cinderella）故事中的男女角色互換，再加上一個不太可靠的小仙女、荒誕變身的男主角，使故事笑料百出。最後公主和男主角當然還是相遇了，就在午夜十二點，男主角從毛茸茸的大猩猩變回瘦巴巴的窮酸小夥子，逃跑時遺落下的則是太過寬鬆的長褲，連「玻璃鞋」這個童話印象中的浪漫元素都被作者有意打破了。《灰王子》的結局與灰姑娘雷同，只是原版的故事是王子靠著玻璃鞋找回女孩，女孩嫁給了王子；而巴貝．柯爾的版本則是公主在她舉辦的「特小號長褲試穿大會」中找回男孩，男孩嫁進城堡，成為公主的另一半。

在繪本中顛覆公主和王子固有角色形象的，還有《紙袋公主》的故事。王子在婚禮之前竟然被噴火龍抓走了，禮服被惡龍燒掉的公主，將大紙袋套在身上，隻身上路去營救王子。當她以智取戰勝惡龍、救出王子時，王子竟無法接受不穿正式禮服也無暇梳妝打扮的公主。王子傲慢的說：「還是等妳打扮得像個真正的公主再來找我吧！」公主回以：「你的衣服的確很華麗、頭髮也很整齊，你看起來就像是個真正的王子，事實上，你卻是一個大爛人。」這位公主最後當然沒有與王子結婚，但是讀者都相信，不必是「他們」才能擁有幸福，**她自己也可以「從此過著幸福快樂的日子」**，像這個故事最後一張圖，公主迎向陽光那樣。

再回來談談巴貝．柯爾的其他作品，《頑皮公主不出嫁》和《頑皮公主不上學》也都讓讀者看到一個非典型的公主，她活力充沛、勇氣十足、喜歡養怪物當寵物，個性獨立不願嫁給王子或在高塔上苦等王子搭救。在高塔上等著王子爬上來這件事，在《頑皮公主不出嫁》中，看似是公主給王子的求婚任務，其實是變相拒婚的軟釘子；在《頑皮公主不上學》中，公主則是在王子費盡力氣爬上塔時，揮棒給王子重重一擊。

《頑皮公主不上學》延續《頑皮公主不出嫁》的主題，「嫁不出去」的公主被王后送進「公主養成學校」，要學習「如何讓舉止端莊」。《頑皮公主不上學》的原文書名是《Princess Smartypants Breaks the Rules》，我們常要求孩子遵守「規則」，但是我們可曾仔細檢視過這些規則的合理性？

這個故事對社會給女孩們設定的種種規範和壓抑，有很淋漓盡致的反諷，非常有趣，也足以讓我們反思。帶著刻板印象教養女孩的成人，與其說是教育，更像是「馴化」。幸好這個公主很清楚自己要什麼，她不僅沒有被馴化，還帶著校內的其他公主找到自我。故事的最後，雖然是老套的那一句「從此，他們都過著幸福快樂的日子」，但不同的是，這些公主的幸福快樂，並不等著別人給，更不必改變自己以吸引別人來給自己幸福快樂的日子。回頭看看倒數第二頁，所有原本守「規矩」的端莊公主，有人剪去一頭長髮，有人燒了高跟鞋和粉紅禮服，有人開始不在乎維持苗條身材、盡情享用美食，也有人趕走捧花前來求婚的王子。拘謹的成人看到這一頁或許會有點不適應，但是冷靜想想，**學校教育不就該是讓孩子發現自己、成為自己、表現自己嗎？**自己的幸福自己創造，不必在「新娘學校」裡，學習成為某人的新娘，苦等某一個人給你幸福。

★公主可以不只是「公主」

如果家中也有做著公主夢的小女孩，也沒有關係。當我還在兒童產業中服務時，

《冰雪奇緣》動畫上映後好長一段時間，我不時能在場館內偶遇半打身穿藍色飄逸紗裙的艾莎。派對活動中，因為不斷反覆播放壽星最愛的主題曲 Let it go，即使在睡夢中仍有旋律迴盪不去。因此，我能了解，有公主夢的女孩真不少，在這個段落的討論中，也無意要鼓吹極端的「反公主情結」。但是，我們還是可以陪著孩子探索自己的更多可能，**即使要當公主，也是一個與眾不同的公主**，而不是普遍印象中穿著蓬蓬裙、活在自己世界裡的公主。

如果你對「許多公主」的現象也有感觸，不要錯過伊恩·福克納創造出的迷人小豬奧莉薇，第一本同名作品《奧莉薇》初試啼聲就獲得美國凱迪克獎銀牌獎的肯定，也因為廣受讀者歡迎，陸續出版了一系列以小豬奧莉薇為主角的故事。其中，《奧莉薇：再見夢幻公主》對女孩公主夢的反思，藉由有主見的可愛小豬之口表達出來，不那麼尖銳、有幾分童真趣味，卻也一針見血。

奧莉薇受夠了無所不在的公主，在朋友的生日派對、芭蕾舞發表會、萬聖節活動中，她的朋友們全都扮成公主（其中包含幾個男生），只有她和別人不同。例如，她在萬聖節派對中扮成「非洲野豬」，把所有的「公主」嚇得花容失色。奧莉薇尤其無法理解為何所有的公主都長得一模一樣，她說：「為什麼公主一定要穿粉紅色？為什麼不能穿得像印度公主、泰國公主、非洲公主或是中國公主呢？明明有那麼多公主可以當嘛！」

我完全可以體會奧莉薇的感受，因為這些年，好多好多高歌 Let it go 的艾莎，讓我也曾在心中吶喊：「為什麼？」

當然，並不是所有的女孩都做著公主夢，也有從來不想當公主、不愛洋娃娃的女孩。《我的娃娃朋友妲莉雅》的小主角夏洛特就是其中一個，偏偏她的阿姨送給她一個洋娃娃！她當然不會喜歡這個睫毛又長又翹、會眨眼、身穿蕾絲白紗裙的娃娃，一收到禮物，夏洛特就把娃娃帶回她擺滿自然收藏品的房間裡，手指著娃娃訓起話來：「我們喜歡挖土和爬樹，」夏洛特向娃娃坦白說，「沒有午茶派對，也不會有裝飾美麗的手推車推著妳。妳就只能習慣我們的活動。」

以送禮物的名義，讓洋娃娃進入不喜歡洋娃娃的女孩生活中，象徵著成人常帶著自己的定見、以上對下的姿態，試圖介入並改變孩子的性別氣質。但作者芭芭拉．麥克林托克讓夏洛特向洋娃娃坦白、約法三章之後，她們仍在一起玩，只是必須依照夏洛特的方式玩。洋娃娃最終被接納成為夏洛特的朋友。其中最有意思的是，她們的「磨合」是「磨」娃娃的嬌氣，來「合」小主人的脾氣，而不是小主人勉強自己用「對的方式」、優雅的玩娃娃。這也象徵著**大人的意圖無法扭轉孩子先天的性別氣質，我們能做的，是理解和尊重，以及愛的陪伴**。

芭芭拉．麥克林托克獨鍾百年前的生活情調，她以復古工筆畫法，讓這本近幾年的新書彷彿是一本經過歲月淬鍊後的經典。這樣的藝術表現，在突破性別刻板印象的主題上，更顯得意義重大。復古的繪圖，讓性別氣質多元性的核心價值，有了超越時空的存在感。這本女孩不愛洋娃娃的繪本，正好可以和《威廉的洋娃娃》對照著讀。就算有人無法接受，在這個世界上，仍有各種男孩和各種女孩，每一個都是生命花園中精彩的存在，與其修剪，不如欣賞、讚嘆。

延伸閱讀

◆《海倫太太的客人》，阿布拉

◆《了不起的妳》，小魯文化

◆《在足球比賽跳芭蕾的麥特》，韋伯文化

◆《一家三口》，小魯文化

◆《為什麼不能有女醫生？美國第一位女醫生的故事》，維京

◆《薩琪不想當空中小姐》，米奇巴克

三、對愛渴望

關鍵字　親子關係、依附關係、手足關係

陽光、空氣和水是維持生命的要素，但有了陽光、空氣和水，卻缺少愛，生命會有難以補足的缺憾。

★孩子都是為愛而生

佐野洋子《被生下來的孩子》故事裡有個「沒有被生下來的小孩」，宇宙間任何事都與他「一點關係也沒有」，他沒有牽絆、沒有感覺，雖然不會感覺開心，但至少也不會傷心。這樣的他，看似是一個自在的靈魂，但後來為何仍選擇出生呢？而且出生後的第一晚，睡前他對媽媽說：「我要睡了。我被生下來以後，好累。」對這個世界的點點滴滴開始有感覺，也漸漸與世界上的某些人、越來越多的人有連結、羈絆。

被生下來以後這麼累，值得嗎？

讓我們回頭看看，是什麼契機讓這個孩子讓「沒有被生下來的小孩」變成「被生下來的小孩」。推敲其中的動機之後，由你來想想，值不值得。

當他還是「沒有被生下來的小孩」，只有一個小女孩看得見他，他們彼此被對方的狗咬了一口。沒有被生下來的小孩一點感覺也沒有，但小女孩哭著回家找媽媽……

小女孩的媽媽幫小女孩洗好身體、擦好藥，然後在她的屁股上面貼上繃帶。

沒有被生下來的小孩也好想貼繃帶。「繃帶，繃帶。」

沒有被生下來的小孩叫道。

就在這麼一瞬間，「沒有被生下來的小孩」出生了，變成「被生下來的小孩」。

他一出生就開口對著媽媽喊痛，他的媽媽也幫他洗洗澡、擦上藥，並在他的傷口上貼上繃帶。後來，他在公園裡看到那個小女孩，還秀出自己的繃帶說：「我的繃帶比妳的還要大塊哦！」讀到這一頁，讀者除了聯想到孩子「喜歡比較」而覺得莞爾之外，是否想過，讓這個自由的靈魂決定出生的，難道只是因為一塊繃帶嗎？

其實繃帶在故事中、在媽媽手中所象徵的是另一個無形的、無法計量的東西，是「愛」。佐野洋子最為大家熟知、喜愛的作品是《老伯伯的雨傘》和《活了一百萬次的貓》，《被生下來的孩子》相對容易被讀者忽略，甚至有幾次聽讀者表示「不知道這個故事在說什麼」，也曾有讀者說：「一出生就會說話要繃帶，太奇怪了！」但如果能拋開長久束縛我們的邏輯思考，這確實是一個值得細細品味的好故事。還不確定這個故事說的是什麼嗎？就是愛啊！就這麼簡單，也不簡單。

不簡單之處在於，照養為愛而來的孩子，我們的「繃帶」夠不夠大塊？

即使是創作出《被生下來的孩子》的佐野洋子，一生也都在對母愛的渴望和失望中掙扎度過，在她的幾本散文集、日記中都曾有相關的描述。例如她在《無用的日子》中寫了：「母親一天比一天更不像人了，她在失智後變漂亮了。更奇怪的是，她的氣質也變得高雅了。她正常的時候很粗暴浮躁，也很有活力。在她失智前，和她之間的摩擦常常令我深感痛苦。在母親愈來愈不像人之後，我原諒了她。雖然很後悔應該在她失智前就原諒她，但我無法做到。」《被生下來的孩子》在某種程度來說，可以算是作者對母愛渴望的另一種表現形式吧！

★擁抱這一課

《抱抱我》也讓我們看到一個渴求關愛，但卻不可得的孩子。這本書的主角是株小仙人掌，他或許不太需要水，但需要愛。透過擁抱，小仙人掌才能確定自己被愛、肯定自己的存在，但是他的家人都不願意好好正視他、聽他說話或抱抱他。故事中，小仙人掌從「渴望關愛」到「閉鎖心門」的成長歷程，讓人心疼。幸好，即使小仙人掌將心門關上，卻在發現和自己一樣無法得到愛的擁抱的小石頭後，重新打開心門、張開雙臂，由渴望得到愛的角色蛻變為「給愛者」，完成了一段圓滿的成長經驗。

作者以仙人掌特性創作的這個故事，傳達出非常重要的訊息——你我都曾經是身心柔軟、性情溫厚的孩子，究竟是從什麼時候開始，變得必須要以堅硬、冷淡，甚至帶刺的語言和行動來自我防衛才能生存呢？生活中從來不缺這樣的人，甚至我們自己也是一個；而習慣帶刺的我們，如果沒有蛻變成能夠坦然給愛的成人，是不是又會複製如同《抱抱我》故事中「仙人掌家族」的教養態度呢？

愛與關懷，不僅是讓人生完滿的必要條件，也是讓生命更美好的魔法；**想要練就**

這個魔法，第一課就是「擁抱」。在社會中生存、在職場上征戰，辛苦的爸爸媽媽或許需要一些武裝，但至少在面對孩子時，記得卸下一身的刺，讓自己獲得喘息，也讓孩子透過溫柔的擁抱確信愛的存在。在完滿的依附關係中成長的孩子，不必帶刺，也能坦率而自信的展開人生旅程！

★很愛卻還是大吼大叫

充滿愛以及平和共處的親子關係是美好的，但**完美無瑕其實是一種超現實的想像**。本來就沒有人是完美的，即使成為父母這樣的角色，也無法完美。育兒生活有許多來自孩子的挑戰，哭、鬧、拖、賴、纏……接續而來，辛苦的爸爸媽媽在身心疲憊時，如果又誤把「挑戰」當作「挑釁」，免不了就要上演《大吼大叫的企鵝媽媽》裡的故事情節。

故事中的企鵝媽媽不知道為了什麼事大發雷霆，在第一頁就怒目圓睜、張開大嘴對小企鵝大聲吼叫，小企鵝嚇得豈止魂飛魄散，連身體都被炸開、四處飛散。他的頭飛到外太空、身體掉進大海裡、翅膀落在叢林中、鳥嘴在山頂，屁股則在人來人往、車水馬龍的城市街道上，只有雙腳還在原地。作者尤塔・鮑爾的表現法雖然誇張，但小小的身體和心靈，對廣大世界、對複雜情緒的認知還相當有限，遭受突如其來的一吼，而且還是來自自己最依賴的父母，內在世界勢必四分五裂。如此看來，作者看似誇張的表現，其實是恰如其分的；超現實，往往是最內在的寫實。

小企鵝的雙腳漫無目的的走到沙漠，直到媽媽開著大飛船找到他。媽媽已經將他四散的身體部位都收集並縫合好了，只差這雙腳，以及最後的一句「對不起」！

在《大吼大叫的企鵝媽媽》中文版出版之前，許多家長在網路上看見作者在故事圖像中，將孩子被大吼後的心理狀態具像表現出來，大感震驚、歉疚，不斷分享、推薦，幾度引起廣泛的討論，並引發更多震驚和歉疚。在繪本相關的親職講座中，我常說：「**繪本不該是用來說教用的**」，**對孩子如此，對大人也是**。因此，家長讀了這本書之後，有感觸就太好了，罪惡感則是不需要的。畢竟，在生活與生存的種種課題上，孩子有孩子的慢，你有你的難。能夠感受到這個故事溫柔的、感性的召喚，那就夠了。未來如果又逢情緒時速破表，在大吼飆出口之前，或許能記得踩煞車；如果煞車不及，千萬記得放下成人的身段，事後好好向孩子道歉，讓孩子了解你的難處。暫時破裂的關係，至少還有縫補的機會。

若沒有即時修補，孩子很可能會將這些訊息解讀成「自己不夠好，所以不值得被愛」，即使父母的怒氣只是針對某個單一行為或事件，但孩子可能會覺得是對他「整個人」的否定，萌生爸爸媽媽可能不愛我了的想法，失去以愛為基礎的安全感。孩子的想法、世界觀，真的和成人非常不一樣啊！我們都曾是孩子，但是在我們變成大人的過程中，好像先試喝了孟婆湯一樣，忘了作為一個孩子的感受。

★越讀越相愛的書

孩子和成人本來就大不相同，簡直是兩種不同的生物。既然不同，我們就接納包容，讓孩子在某一天喝下一口孟婆湯、變成成人之前，快樂的做他自己，而不是成為大人喜歡的樣子。被愛接納包容的孩子，不須為了渴求愛而改變自己，長大之後也能成為擁有豐沛能量、給愛的人。

孩子種種異於成人的思考模式和行為，在當下雖然令我們無力招架，但是當我們不只看當下的那一個「點」，而是往後退一些，看整個面，甚至端詳孩子這個立體的個體，還是會有許多美好的時刻與盼望的。像是《有你有我》這本圖文精簡的繪本，直接呈現出照顧者和孩子的不同，但在這些不同當中，有苦有樂，除了照顧者毫無保留的愛之外，也能看到很實際的那些面向，像是生活中的小衝突或不耐。例如：

我累倒，你大鬧。

你好開心，我喘吁吁。

我想睡覺，你蹦蹦跳。

你乒乒乓乓，我腦子亂轟轟。

我忙得很，你閒得很。

你放聲哭，我大聲叫。

你：我要我要！我：不要不要！

至於那些美好的不同，像是：

大親親送你，小親親送我。

我有冰淇淋，你有超級冰淇淋。

我做夢，你夢想。

你哭哭，我抱抱。

我的玫瑰又高又壯，你的玫瑰含苞待放。

「我的玫瑰又高又壯，你的玫瑰含苞待放」，這是多麼不著痕跡的一個隱喻啊！父母的盛年將過，孩子的歲月才正要展開，枝葉健康強壯的玫瑰有一天會凋零，化作春泥更護花。

作者在書中描繪的親子相處片段，幾乎是每個家庭曾有過的點點滴滴，讀這樣的書，好像是**不斷回顧親子共處的所有美好時光，讓對愛渴望的孩子感到安心**。無論是這本書剛開始的「我高，你矮」，或是接近尾聲的「你高，我矮」，總之是有你、有我，因為這種種的不同，有苦有樂，磨磨合合，才讓親子一世的旅程有如這本小書最後一句所寫：「一切如此美好！」相信單單只是朗讀這樣的作品，成人也會有很深的感觸，孩子敏覺到你的感動，也能感受到被愛的滿足。

如果你喜歡這類描繪「親子一世」的繪本，艾莉森．麥基和彼得．雷諾茲合作、描繪母女一生之間的《有一天》（建議要讀二〇一四年重新翻譯、排版、更換手寫字的新版），和邱承宗寫父子一生的《我們去釣魚》，都是感動人心至深的作品。除此之外，有兩本台灣創作者的無字繪本，宛如公視的「人生劇展」，加上讓文字退場的表現方式，如同歲月無聲，也非常有味道。這兩本作品分別是李如青的《因為我愛你》和孫心瑜的《背影》。這樣的繪本，很適合大一點的孩子，甚至是中學的孩子，大人讀來更是百般滋味在心頭。

★弟弟妹妹來爭寵？

即使雙親百般疼愛，卻還有一種情況，可能會讓孩子產生失去父母關愛的焦慮。新手足的誕生，對原本一人獨享雙份疼愛的孩子而言，無疑是晴天霹靂的劇變。新手足等於是稀釋父母關愛眼光的「分母」，是孩子有限生命經驗中最初的競爭對手。在《狼寶寶》這個故事中，作者在選角上的隱喻直接命中了孩子的心境。讀這本繪本時，主角小兔子的新手足雖然不是兔子父母親生，但特殊的角色安排，讓讀者對孩子遭受新手足「威脅」的心理狀態特別能感同身受。

某日，小兔子點點和爸爸媽媽回到家，發現門口有個籃子，籃子裡是一隻可愛的狼寶寶，爸爸媽媽決定收養他。在毫無心理準備的狀態下，成為「姊姊」的點點卻驚慌的說：「他會把我們全吃掉」。往後的日子裡，兔子姊姊也不時提醒爸爸媽媽：「他會把我們全吃掉」，但是爸爸媽媽完全不在意，甚至沒有注意到兔子姊姊的劇烈反應。

在所有的故事裡，狼都是對弱小動物造成生命威脅的掠食者，包含兔子。因此，這本書的角色安排，是非常好的隱喻，將小哥哥、小姊姊心中感受到的壓迫感表露無遺。不妨看看兔子父母收養狼寶寶的第一晚那頁，在這一頁裡，狼寶寶和兔子姊姊睡在一張床上。文字寫著：「小狼一覺到天亮，點點沒有」，繪圖中則是狼寶寶睡得香甜，看起來恬靜無害；但剛成為姊姊的點點，一夜未闔眼。她頭上綁著頭燈，監視狼寶寶一整晚，而光線下狼寶寶的影子，看起來就是一隻有著大嘴、利齒的肉食性動物。繪者的圖像表現非常精采，完全呼應作者角色設定的隱喻。

這樣的故事很值得父母參考，也很適合帶著即將成為小哥哥、小姊姊的孩子一起讀。如果現實生活中，孩子即將有新手足，最好還是要為孩子預告，許多教養專家都有很實際的建議，在這本非教養專業的書中就不再贅述。至於繪本，諸如長谷川義史的《肚臍的洞洞》、陳盈帆的《媽咪怎麼了》各自用很特別的角度表現，值得參考、利用。《肚臍的洞洞》是從寶寶的視角、聽覺、感受來觀察一家人的期待，《媽咪怎麼了》則是從一隻以為自己是人的貓咪的觀點，關注媽媽從懷孕到生產的變化過程。

除了預告之外，或許還能讓孩子從被動被告知、被迫接受，再進一步成為一起主動準備迎接寶寶的幫手，進而讓孩子也對新手足產生期待而不是焦慮。當孩子成為一個也能給愛的人，親子彼此都會發現，**得到的愛不會變少，越是給出去，得到就越多**。甚至，有了弟弟妹妹，不見得是多了麻煩、少了愛，他們能給哥哥姊姊的說不定是更多的。安東尼・布朗的《穿過隧道》就是經典又精彩的一本，繪圖中布滿古典童話黑森林巫婆、野狼的圖像，挪用了不少「糖果屋」、「小紅帽」的情節與場景，最後的結局是膽小的妹妹救回魯莽的哥哥。

手足之間雖有競爭，但也有無可取代的血緣聯繫，如果手足的情感基礎穩固，將會是父母能留給孩子最好的生命禮物。

延伸閱讀

- 《爸爸，你愛我嗎？》，三之三
- 《永遠愛你》，和英文化
- 《彼得的椅子》，上誼
- 《把弟弟吃掉》，小兵
- 《說100次我愛你》，小魯文化
- 《因為寶寶笑了》，親子天下
- 《我的弟弟跟你換》，台灣東方
- 《媽媽，你會永遠愛我嗎？》，維京

四、不夠好，卻也夠好的家

關鍵字 單親家庭、收養家庭、家庭認同

當孩子的生活圈隨著年歲增長而擴大，很容易開始和同儕比較，其中一項特別的比較項目就是「家」。孩子們不一定會直接談論，但很難不在心中默默看看別人家、再想想自己家，總覺得自己家少了什麼，如果可以再多一些什麼，就更好了。

家可以是物質層面的，也可以是情感層面的。物質層面主要是指構成一個家的硬體，包含屋子的大小、新舊、屋內的物品、屋外的風景等等。《山丘上的石頭》、《最好的地方》皆屬此類的作品。前者是大衛．麥基一貫的風格，荒誕、幽默但充滿寓言式的哲思；在後者的故事中，可以讀到知足，以及最好的居所，不是物質或外在條件所堆疊出來的，種種的「好」，都是來自讓那個空間充滿溫度的情感，無論是來自家人或是鄰人。《山丘上的石頭》和《最好的地方》，都是有趣且不說教的作品。

我們家很棒了

在《全世界最棒的房間》中，袋鼠媽媽的育兒袋就是小袋鼠的「房間」。小袋鼠去不同的朋友家參觀過，每個朋友的房間都有不同的優點，小熊有柔軟的大床、兔子住在有絕佳窗景的樹洞二樓、小鳥住在有許多鄰居可以聊天的大樹公寓上。即使如此，知足的小袋鼠依然最愛他的房間！因為媽媽的袋子裡就是柔軟又溫暖的床、探出頭來就能看到移動的好風光，就算沒有鄰居，他也能隨時和媽媽聊天。

另一個曾得過凱迪克獎的舊作《媽媽的紅沙發》，從一九八二年出版至今，愈加散發出雋永的質地，主要是本書能讓讀者充分感受到故事主角樂觀、勤勉、堅韌的生命力。小女孩和母親、外婆同住，家境本來就不富裕，所有的家當又在火災中付之一炬。她們慢慢存錢，設定了一個不至於遙不可及的目標：買一張舒服的沙發，讓辛苦工作養家的媽媽在下班後可以舒服的休息。經過一段時間，她們總算達成目標。初讀本書，覺得這張沙發的顏色和圖案，嚴格說來是過於俗艷的。但是在這個故事中，正好展現出媽媽和外婆的生命韌性，在祝融灰燼之後仍有些灰色的日子裡，為這個家留下濃烈的色彩、熾熱的光。

《問候月球上的人》是艾茲拉．傑克．季茲眾多作品之一，他在一九六二年創作了《下雪天》後，成為第一位以非洲裔小孩為繪本主角的創作者。季茲的許多作品描繪的皆是同一個城中街區的孩子，都是社會上相對弱勢的非裔、拉丁裔或貧窮家庭的孩子，他們輪流在季茲的書中成為主角，隨著他的書出生、成長。追蹤季茲的作品，就好像在追蹤這群孩子的生命故事。其中一個常出現的角色是路易，他的繼父從事回收舊什物的工作，路易喜歡他的繼父，並不在意他的工作，但是鄰居的孩子卻給他的繼父取了「垃圾人」的綽號。和《媽媽的紅沙發》類似的，是孩子對家庭環境的知足，《問候月球上的人》還表現出「不必在意別人的眼光」，以及用「想像力」改變你所處的生活境遇。果然，那些鄰居孩子口中的垃圾，透過想像力變成可以飛向宇宙的太空船，原本取笑路易的孩子們，被這般豐沛的想像力吸引，在故事的最後，他們也都準備一起跟著路易升空了。

《問候月球上的人》以及季茲的眾多作品，都有一個好繪本的特點——就是不刻意以文字鋪陳故事中人們的生活有多麼辛苦、生活環境有多麼惡劣。他直接畫出來、在故事情節中表現出來，讓讀者看到孩子們生活中的物質條件：簡陋粗糙的家具、不夠講究的衣著、稍嫌髒亂的街區環境等。不說，但畫給讀者看，讓讀者自己體會、觀察故事中的孩子在這樣的生活狀態中如何自得其樂、懷抱盼望，而大人又是如何和孩子一起享受生活中微小的樂趣。《媽媽的紅沙發》也有同樣的特質，因為作者說得少，讀者輔以故事情節仔細讀圖，才能感動得更多。

★當爸媽感情不好時……

不夠「好」的家，除了物質條件之外，還有一種可能性——不夠圓滿的家。不圓滿，通常是某位重要的家庭成員在孩子生活中的缺席所造成，例如雙親離異，或單親家庭。放眼所有談及父母離婚議題的繪本作品中，巴貝・柯爾的《好事成雙》堪稱是最顛覆讀者既有認知，甚至歡騰的作品。巴貝・柯爾以有如荒謬劇般奇異的切入角度，讓這個主題完全掃去讀者想像中的沉重。稍早在「各種男孩和各種女孩」的段落裡，我們已經看過她的幾本作品，如《灰王子》和《頑皮公主》系列，一如她在那幾本書中的俏皮、幽默、跳脫刻板印象的風格，《好事成雙》也如出一轍——

歐先生和歐太太在一起時間越久，越不喜歡對方。

剛開始，他們也是一對郎才女貌的夫妻。

但是因為他們彼此討厭、厭惡的心情寫在臉上，讓他們變得越來越醜。

他們開始想辦法整對方……

從佳偶變成怨偶，多半都有數不盡的原因，巴貝·柯爾在這個故事中也列出許多，莞爾之餘其實也是有幾分道理的。夫妻彼此互整的那幾頁，是這本書非常「爆笑」的瘋狂橋段，無論是先生在太太的沐浴鹽中加入水泥粉，讓太太凝固在浴缸中，或是太太「回敬」先生的各種手段，都像鬧劇一樣好笑。但在真實人生中，多數即將走到婚姻終點的伴侶，不也都讓對方難受嗎？即使不像這故事中那麼瘋狂，也都帶著某種程度的互相折磨。好的故事舉重若輕，仔細思量，往往直指問題核心或推著我們得坦然面對事實。

作者也照顧到孩子面對父母彼此怨懟、折磨的心情，她讓孩子邀請家中有類似問題的孩子來參加討論會，沒想到，來了好多有相同困擾的孩子，而他們討論的結果是：「**如果父母的行為幼稚得像五歲小孩，那不是孩子們的錯**」。在之前「對愛渴望」

的章節中，我們也提過孩子常會把家庭的問題、父母的情緒歸咎於「自己表現不好」，巴貝．柯爾不著痕跡的在這故事中的這一段，扮演一個同理、安慰孩子的朋友，同時也給大人一點警醒。

這本書最有趣的部份是將離婚視作像是結婚一樣值得慶祝的大事，這點子當然也是來自於孩子。當這兩個孩子去請求牧師幫他們的父母辦一場「不結婚典禮」時，牧師不僅大大讚嘆這個想法，還補充說道：「這可能是唯一一件他們兩個都同意的事情」。他們比照舉辦結婚典禮的規格廣邀賓客，典禮中，每個人都很高興，還有人說恭喜。典禮過後，歐先生和歐太太立刻分頭出發去「不蜜月旅行」，在他們去旅行的期間，孩子拆除了原本一家人一起住的大屋子，分別再為爸爸、媽媽蓋了一間適合他們的屋子作為「不結婚禮物」。從此，孩子有兩個家，所有的東西也都能擁有雙份，算是這場事件中最大的贏家。

★我有兩個家

不少有關父母離婚的繪本也以「兩個家」作為主題，只是不像巴貝．柯爾那麼「不正常」（這是讚美），例如《我有兩個家》。本書看似只是將一個家到兩個家的心路歷程娓娓道來，卻也大膽的帶出另一個造成父母分開的可能性，表現出作者特別的用心和關懷。不過，這個細節只畫在圖中，文字並不交代，存而不論、讓細心的讀者自己發現。

在小女孩第一次學游泳的那一幕，爸爸和媽媽都來了，也都帶了各自的新伴侶在泳池邊的窗外，一起見證孩子生命中珍貴的第一次。如果仔細看圖，會發現小女孩的爸爸和媽媽一樣，都帶了一個男伴。假如沒有仔細按圖推敲，並不會注意到這一點，因為作者從頭到尾都沒有明講，只在前幾頁寫了「爸爸做了讓媽媽生氣的事，所以媽媽向爸爸咆嘯，這讓爸爸很難過。」這樣的安排很周到，帶讀的成人可以視需要讓小讀者知道「也有這種可能喔」；稍大一些的孩子自己讀，也有機會發現。對於相對保守或因為各種理由仍難以接受此事的成人來說，也不至於受到衝擊而捨棄一本好書。

說這本《我有兩個家》是好書，是因為文字的描述相當溫婉、平靜，無論對成人或孩子都能帶來一點撫慰感，例如：

一天，爸爸和媽媽都覺得一個家太小了，所以他們需要兩個家，一個家給爸爸住，一個家給媽媽住，兩個家給我住……

每天我們會通電話，爸爸問我學校的情形，媽媽問我午餐吃什麼。我會在電話上親一下，電話那頭也會親我一下，讓我覺得耳朵好癢。

Emma Haughton 和 Angelo Rinaldi 的《Rainy Day》（暫譯為《雨天》）又是另一種風格的作品，這本繪本雖然沒有中文版，大概也不太容易有，但是這個故事用了「雨天」隱喻生活中的低潮，讀後覺得雨過天青，因此特別推薦。「雨天」這個詞如果用作隱喻，大抵都是指人生中某一段不太容易度過的日子；即使實際上並沒有下雨，但是在那段長長的日子裡，難免感到又溼又冷（溼的可能是眼睛，冷的可能是心），總是希望「雨停」。《雨天》的第一頁是這麼開始的：

探訪日的那天，一早就開始下雨。奈德坐在爸爸的新家裡，看著雨水留在玻璃窗上的水珠，一滴接著一滴，變得越來越大，也流得更快，直到他幾乎看不見對街的商店。

在這一段中，讀者獲得「探訪日」、「爸爸的新家」這幾個線索，已可猜出小男孩平日並未和爸爸同住。雖然作者沒有明白寫出原因，但也能推測是父母離異。和多數提到離婚的書一樣，孩子生活在「兩個家」之間。對小男孩奈德而言，這樣的改變是生命中的「雨天」。更糟的是，難得與爸爸會面的探訪日，原本說好了要在這天一起去逛園遊會，卻因為一場大雨而去不成。眼下，從內到外都是溼答答的一片。

爸爸看出小男孩的失望，仍帶著他冒雨外出。他們只是一起在街上踏水、到海邊看浪、在海濱的長凳上，分享碎掉但是美味不變的餅乾……。一日將盡，陽光又從厚重的雲層中露出臉來，父子在雨後的陽光中，互道這段日子對彼此的思念。最後，爸爸說：「一切都會好轉的，我保證」小男孩則回答：「雨天其實沒那麼糟嘛！雨也不會永遠下個不停。」

這本作品很有「生活感」，沒有什麼特別的故事情節，就只是一段父子在雨中共度的時光和這段時光裡的瑣事。但透過這本書平實而有力量的圖文，雨天的苦長，以及苦長的雨總會停，就像**人生難免陰鬱，卻總會撥雲見日。這樣的人生觀，也會留在故事裡、外的孩子的心裡啊！**

缺席不遺憾

日本高人氣的創作者長谷川義史，也曾將自己的童年經驗畫成繪本。如果將個人生命史寫入故事的小說被稱為「私小說」，則這兩本繪本，可算是長谷川義史的「私繪本」。他所經歷的單親家庭經驗，並不是因為父母離婚，而是父親早逝。長谷川義史將這段日子的記憶濃縮在《天國的爸爸》和《媽媽做給你》這兩本作品中，後者尤其對一肩扛起家庭重擔的母親有很多的描寫，母親的堅毅在故事中被創作者凝鍊成笑中帶淚的感動。

《媽媽做給你》的書名，就能看出作者母親的氣魄，無論孩子需要或想要什麼，媽媽都有自信能用縫紉機做出來，只是，最終的成果和理想總是有一段差距。故事的最後，媽媽堅持要代表出席學校的「父親參觀日」，小男孩阻止不了，竟說出：「我也想要和別人一樣，我不要媽媽來……你不是說你什麼都能做嗎？那你就做一個爸爸給我啊！」

衝動的話，往往一說出口就後悔了。果然，當小男孩看著媽媽以難過的表情說：

「對不起啊，媽媽的裁縫車沒辦法做一個爸爸給你……」，當場覺得手中的那碗飯「吃起來和沙子一樣」，難以下嚥。

故事還沒結束，「父親參觀日」當天，媽媽竟然還是出席了。當小男孩回頭看見媽媽穿著用裁縫車設計的特殊造型，站在教室後的一排爸爸中間，雖然沒昏過去，但也直冒汗。至於媽媽以什麼身分、用什麼造型像個父親一樣出席「父親參觀日」，就留給還沒看過這本書的你去發現了，感受長谷川義史讓讀者「笑中帶淚」的感動力。

另外還有一些作品，並沒有直接談論父母離婚或成為單親家庭的原因、過程，但是讀者可以明顯看出單親的家庭生活，其中不少作品描寫的角度、安排的情節，都對獨力照顧孩子的家長或孩子特別體貼，例如《媽媽打勾勾》、《阿文的媽媽噴火了》、《那天來的鯨魚》，若想與孩子共讀此類家庭議題的繪本，除了情節直白的故事，還有這樣的選擇。這類作品的針對性沒那麼明顯，與較直白的作品搭配著共讀，可以降低孩子的敏感。在這些故事中，也能確實感受：**在「看起來缺少了什麼」的家裡，我們擁有的其實也不少。**

★有愛就是家

最後再補充一種類型——雖然沒有血緣關係，因為愛的聯繫而成為非常圓滿的家。家有各種組成的可能方式，其中之一是非血緣子女的收養，對被收養的孩子來說，開始對身世起疑時，很可能會經歷一段覺得自己的家不夠好的調適歷程。在《艾莉森的家》中，艾莉森是美籍夫婦收養的日本女孩，親子之間的外貌如此不同，當艾莉森忽然領悟身世的真相之後，一度難以接受。直到她在養父母的同意下收養了一隻「沒有媽媽，也沒有爸爸」的小貓，才領會到血緣並不是成為家人的必要條件，有愛就能維繫彼此成為最親密的家人。這個故事也沒有說得「過多」，艾莉森的心境轉變，同樣要由讀者自己去領會。故事的最後是這樣的：

媽媽問：「你覺得這隻貓咪想和我們住嗎？」

艾莉森說：「當然想啊！牠喜歡我們，也想有個家。」

爸爸：「看來，我們的家又要多一個成員囉。」

艾莉森問：「牠可以成為我們家的一份子嗎？」

媽媽說：「要是你覺得牠和我們住在一起會很快樂，那就沒問題了。」

艾莉森高興得大叫：「……一定很快樂！」

那隻貓再也不必流浪了。

雖然沒有血緣關係，但是**沒有血緣的愛補足了先天缺乏的愛**，讓失親的孩子不致因為無依而流浪。《帶方方看醫生》也是主題相似的繪本，作者以動物取代孩子，在角色的設定上非常好。若是收養家庭想與孩子共讀，這樣的設定能降低這個議題的敏感度。故事裡被樵夫收養的小熊貓體弱多病，樵夫不時得騎著腳踏車，在風中、雨中、雪中，載著他翻過一座又一座高山，找醫生看病去。返家途中，養父就哼唱著自己編的歌，哄他安心。

小熊貓太虛弱了，時常得去看醫生，每一趟翻山越嶺去看醫生，倚靠在養父背後的小熊貓就長大一些。仔細看小熊貓用來遮雨或擋雪的蓑衣，每翻一頁就小一些，小到過於窘迫、讓讀者無法不注意，覺得可愛逗趣之間，靜好的歲月也就這樣過去了。

這對沒有血緣關係的「父子」，因為愛而成為一個圓滿的家，是一本非常感人的作品。讀完這個故事，腦海中彷彿都還有他們一趟又一趟、踩著老舊腳踏車發出的 kogi kogi 的聲音在迴響。將老車壓得磨出聲的重量，不是負擔，而是愛的分量。這個分量，孩子小小的心掂得出來、感受得到，這也是故事的力量。

延伸閱讀

- ◆《媽媽爸爸不住一起了》，遠流
- ◆《鬥牛犬賈思登》，小熊
- ◆《紅氣球》，格林文化
- ◆《巴夭人的孩子》，信誼
- ◆《Guji Guji》，信誼
- ◆《你來了，我們就變成一家人》，大穎文化

五、心的氣象台

關鍵字 認識情緒、情緒教養、情緒調適

氣象預報失準是常有的事，前一晚預測說明天是晴天、下雨機率零，翌日出門在外卻被雨淋得措手不及。雖然見怪不怪，但碰上了，免不了還是會喃喃責怪，才能稍微紓解心中的怨氣。情緒也像是變化莫測的天氣，晴時多雲偶陣雨，也有可能忽然驟降雷雨、豪雨、豪大雨、超級豪大雨，驚人的雨量引發土石流後，再降下冰雹也不無可能……。

但也有這樣的日子，在漫長而晦暗的陰雨之後、在你以為烏雲再也不會散去之前，忽然雲開見日、一道彩虹在天邊乍現，讓人頓時倍感清爽、滿懷希望。長谷川義史的《山田家的氣象報告》也將情緒與氣象相互對照，以有趣的圖像，讓生活中變化多端的情緒變得具體。

不是真的想生氣

成人的情緒尚且捉摸不定，何況是年幼的孩子。**在還無法辨識複雜的情緒成因和反應之前，無論是哪一種情緒，孩子幾乎都只能用生氣表現**，所以難免又哭又鬧。其實孩子往往不是要故意唱反調，只是不知道自己怎麼了，感覺一團糟。昆丁．布雷克的《小傢伙》主要是以「變形」的動物隱喻，描繪親子一生經歷的各個階段，但是讀者同時也可看到孩子在幼年階段的主要情緒表現，值得參照、思考。

《小傢伙》裡的夫妻收到一個包裹，裡面裝著一個可愛的嬰孩，嬰孩身上的標籤寫著「牠的名字叫做小傢伙」。小傢伙很可愛，但是可愛的時間沒有持續太久，某天早上就變成無法溝通、叫聲尖銳的禿鷹寶寶，陸續變成不同的動物之後，又變成脾氣很壞的噴火龍，或是倒吊在窗簾上哭哭啼啼的蝙蝠。幾乎每位讀過這個故事的家長，都是心有戚戚焉，點頭如搗蒜。在孩子的成長過程中，除了睡覺的時間之外，貪吃、貪玩、搞破壞，是孩子最開心的表現，其餘的時間，所有太過複雜、處理不來的情緒都讓他們瞬間化身禿鷹寶寶、噴火龍或是愛哭的小蝙蝠。

陪伴孩子認識情緒是很重要的，當孩子還無法辨認究竟是什麼原因讓他感到難受而生氣或哭泣的時候，無論威脅或是利誘，急匆匆的試圖「滅火」或「關水」，都不是最根本的方法。**與其以壓抑式的「情緒管理」斥責孩子不可以生氣、不要哭，不如帶著孩子一起好好認識情緒、探索情緒生成背後的原因。**安東尼．布朗在《你的心情好嗎？》這本作品裡，讓小猴子為小讀者「演示」各種情緒的樣貌，是可以參考使用的一本書。

這隻穿著吊帶褲的小猴子看起來就像個孩子，一開始，小猴子像是以朋友的立場問小讀者：「你今天心情怎麼樣？」，再與小讀者一一分享自己的心情，有時覺得無聊，有時覺得孤單，當然也會有開心的時候、生氣的時候。安東尼．布朗除了以小猴子的表情來表現不同的情緒，也以不同的顏色賦予各種情緒不同的視覺暗示，甚至在感覺無聊的那頁，刻意不上色，看起來就是暗淡無趣的樣子。另外，在孤單的那一個跨頁，作者將小猴子畫得極小，獨處在空無他物的一角，顯得特別渺小無助。諸如此類的圖像表現，強化也立體化了文字的說明，能幫助孩子更容易理解抽象的情緒。

★結合顏色，認識情緒！

提及色彩與情緒的聯想，《彩色怪獸》的表現也非常好。本書的創作者是來自巴塞隆那的安娜．耶拿絲。讀她的《彩色怪獸》，隱約可以發現巴塞隆那建築大師高第的美學觀點。高第從小因健康狀況欠佳，很少和同儕一起遊戲，時常孤身的他，花很多時間觀察大自然，在他的觀察中也建立起獨特的美學觀點。高第發現，純粹的直線在自然界裡並不存在，他曾說：「直線屬於人類，曲線屬於上帝。」成為建築師之後，他也在自己的設計中實踐他的自然美學觀。他對自然界的觀察結果，在他的作品中表露無遺，幾乎不見純粹的直線，以曲線居多，充滿自然、有機的生命力。

《彩色怪獸》也運用了許多曲線，繽紛但又各自分明的色彩、大量拼貼構成的圖像，都有高第建築作品的影子。另外，本書不僅用顏色來比擬情緒，在不同的情緒情境中，也加入許多自然的元素：開心時的黃色，圖像上有星星、黃鶯、秋天的葉片；傷心時的藍色，圖像上有海洋、雨雲、藍色的魚群。憤怒時的紅色，圖像的表現則是熊熊的烈焰；被害怕的黑色籠罩時，怪獸就走進心中的那片黑森林。平靜時的感受像是綠色，圖像上則是讓人舒心的安靜的樹、迎風的綠葉，而怪獸就身處在一片綠意中、躺在吊床上、搖搖晃晃的進入夢鄉……。

在這本書的一開始，彩色怪獸出場，就感覺自己心情一團糟，他身上交雜在一起的色彩，象徵著混亂的情緒沒有被釐清和整理，於是小女孩幫助怪獸將不同顏色所代表的情緒分門別類、整理安置妥當，才讓怪獸平靜下來。平靜下來之後，故事最後的安排也很有趣。小女孩問怪獸：「現在……你可以告訴我，你到底怎麼了嗎？」此時的怪獸已變成一身的粉紅，旁邊的圖像也都是粉紅色的鮮花與愛心。故事就在怪獸甜甜的傻笑中結束，答案留給讀者自己去想。

怪獸到底怎麼了？或許我們可以這麼解讀，他亂糟糟的情緒是因為愛，所以意亂情迷、不知道自己到底怎麼了，只覺得心情一團糟。直到他跟著小女孩的指導，將情緒一一釐清、安置之後，才浮現最核心的感受。

部分的家長，對觸及愛情的故事有些抗拒，但這個故事也可以有你的詮釋和讀法。孩子對父母的依賴也是愛，對這份愛的索求可能會因為手足的「分母效應」，或因為父母過度費神在工作或家務上而被忽略，變得像故事裡的怪獸一樣，各種情緒的顏色混雜在一起，對愛既期待又害怕受傷害，因而傷心、憂慮，甚至憤怒、得不到平靜。和孩子一起讀這個故事，帶著孩子一起認識複雜的情緒，學習整理它們，而不是被它們束縛、綑綁。最後，你可能會發現，給孩子一個緊緊的擁抱，讓他們知道你的愛是明確而堅定的，雜亂無章的情緒，就算有千千結，多半都能瞬間化解。**當情緒逆襲時，愛是解藥。**

像《彩色怪獸》這類以顏色詮釋情緒的作品，固然有其優點，但我們也能與孩子進一步想像不同顏色可能帶來的不同感受，才不會讓某些顏色落入固定的刻板印象之中。例如，《My Blue Is Happy》（暫譯為《我的藍色很快樂》）的立意就非常好，作者讓大小讀者重新探掘自己對不同顏色的感受，讓各個顏色不被過度定義、定型，也讓閱讀的經驗更加「個人化」，與自己的生命經驗有更深的連結。

通常，我們看見藍色，就直覺的聯想到憂鬱、傷心，但是《我的藍色很快樂》在書名就標示了不同的可能性，突破藍色給人的既有印象。當讀者看到「我的藍色很快樂」，無限的想像就此展開。封面上古靈精怪的小女孩，是這本書的主述者，她對顏色有自己的看法，非常有意思。列舉其中幾段，看看小女孩獨特的個人意見：

姊姊說藍色很悲傷，就像一首孤單的歌曲。

但我的藍色很快樂，就像我最愛的牛仔褲，和熱天跳進水池濺起的水花。

隔壁的男生說紅色是憤怒，就像巨龍噴出的熊熊火焰。

但我的紅色就像消防車一樣勇敢，也像超級英雄的披風。

「噓……」我哥哥說：「黑色很可怕，像是鬼怪的影子在牆上慢～慢～爬。」

但我的黑色很平靜，就像靜止的湖面和群星之間的太空。

《我的藍色很快樂》對顏色和情緒的連結處理，在相似主題的繪本中，確實非常少見。有意將繪本應用在情緒教育的家長或教師，可以將這樣的作品納入參考，有助於讓情緒的討論更加多元。

★真的好生氣

前面幾本書，都是全面性的羅列出不同的情緒，接下來，會針對比較常困擾親子生活的情緒——生氣，介紹幾本很好的作品。介紹之前，有個前提要先做聲明：**情緒**

的成因並非是單一的，就算故事主角的外顯行為看起來是生氣，觸媒卻可能是傷心、忌妒、恐懼、甚至是無聊等等，無論是作為讀者或是作為教養者，都要對孩子的情緒表現有更敏銳的覺察，而不宜過度簡化形成情緒的原因。當我們閱讀這些故事時，也應當有這樣的基本認識，才不會只從表面來看或定義一本作品。

許多書單、親職教育專家，凡是談及情緒教養相關的繪本，無論是否聚焦在孩子處理憤怒情緒的這部分，幾乎都會提到《菲菲生氣了——非常、非常的生氣》（以下以《菲菲》簡稱本書），這本一九九九年出版的作品，太經典了！經典之處不僅在於它曾獲得凱迪克獎的銀牌榮譽，也在於它極其強烈、用色近乎沸騰的圖像表現，將憤怒的情緒具象化，使幼兒可以直覺理解這個困擾他們的情緒。

除此之外，《菲菲》也是一本很典型的「家長不青睞，但孩子很愛」的作品。有趣的是，家長不青睞的原因，多是對這本書的圖像有些微詞，舉凡認為構圖不夠細膩、顏色不協調，甚至人與景物的比例有些失真等。然而，這本書曾獲頒凱迪克獎，此獎的評選重點正好是圖像本身，可見一般家長在選書時，很容易因為成人片面的美感判斷而有偏頗（姑且不論我們在受教育的階段，是否真正接受過足夠的美感薰陶）。因此，**選書時多以孩子的「高度」看圖文的世界，並非要大人降低標準**，而是要學習謙卑的體認：**孩子在這方面的高度，往往是超越成人的**。

《菲菲》之所以受到孩子喜歡，正好是書中濃烈的色彩、充滿爆發力的表現，讓孩子可以透過視覺的直觀，理解「憤怒」這頭怪獸，也讓孩子看到憤怒從生成到脹大、爆發、轉化乃至平靜下來的歷程。孩子由此可以理解，憤怒這頭怪獸會來也會離開，這是很正常的。加上菲菲氣得跑出家門，家人沒有斥喝或攔阻她，當菲菲平靜下來，回到家之後，「屋子裡頭暖暖的，香香的。看見菲菲回來，每個人都好高興」，這般的包容，也給孩子豐足的安全感。就像《野獸國》，生氣的小男孩，在想像中遠航至野獸的國度，平靜下來了，放棄野獸國的王位回到現實的家，原本罰他不能吃晚餐、待在房裡禁足的媽媽，也為他準備好了熱騰騰的晚餐。沒有多說什麼，只是等待孩子平靜下來，並且包容。

關於憤怒情緒的具象化描寫，和本段稍早提及的《山田家的氣象報告》一樣，《菲菲》也用了「火山爆發」的圖像隱喻；《菲菲》還用了另外一個隱喻，是「噴火」，這和火山爆發有異曲同工之妙，也是讀者熟知的憤怒意象，在許多類似主題的故事中都曾出現，包含前述的《彩色怪獸》和《我的藍色很快樂》。另外介紹一本 Jenni Desmond 的作品，她在《Eric the Boy Who Lost His Gravity》（暫譯：《失去重力的男孩》），用了非常不同的隱喻，從書名就可以看出來。作者在文字和繪圖上，都將盛怒中的人描繪成「失重」的狀態，很不同，也很貼切，雖然還沒有中文版，但是對情緒主題有興趣的朋友不妨找來讀。

★ 處理壞情緒

再延續之前對於《菲菲》的討論。如果將《菲菲》看成是「帶孩子認識憤怒的故事」，那麼，《派弟是個大披薩》則是「為大人示範如何處理孩子情緒的故事」。

派弟正想要出門找朋友一起玩，但是外頭竟下起雨來，這讓他心情壞透了，只能在家生悶氣。派弟的爸爸、媽媽並沒有叫他不要生氣，也沒有多說什麼安慰他的話。爸爸只是抱起他走向廚房，假裝派弟是可以做成披薩的麵糰，把他放在桌上又滾又搓又揉，再捏一捏、拉一拉、拋向空中轉啊轉，還假裝在「麵糰」上倒些油、撒點麵粉、放上佐料。就在一場遊戲當中，轉移了孩子的注意力，也消化了煩悶的心情。同時，窗外也放晴了，「披薩要出門去找朋友了」。這是一本家長不可錯過的好書，可以**在故事中稍微鍛鍊教養的想像力**，日常生活中也可以實際運用看看。

英國新銳繪本創作者史帝夫．安東尼創造了貝蒂和熊貓先生這兩個「二頭身」的角色之後，版權銷售往許多國家，已是全球知名的作品。這兩個角色也因為廣受歡迎，都出了續集，也已發展成系列作品。二頭身的外型，像極了幼兒可愛的身形比例，親子看了都會頗有共鳴。其中，在黑猩猩貝蒂系列的兩本作品中，都是以幼兒的情緒或生活意見為主題，從作者為貝蒂設定的各種行為反應，可以看出作者對幼兒的觀察入微，很懂孩子的心。

第一本貝蒂的故事是《貝蒂好想好想吃香蕉》，故事的軸線很簡單，就是黑猩猩貝蒂在路上撿到一根香蕉，她想吃，過程卻不太順利。在故事中，貝蒂總共失控三次，這三種情況都是幼兒生活中常見的：

1. 貝蒂無論怎麼做，都剝不開香蕉皮、吃不到香蕉，當下就像能力未逮的孩子，挫折得大哭大鬧、情緒失控。

2. 貝蒂冷靜下來後，大嘴鳥示範剝香蕉，但貝蒂比較想要「自己的香蕉自己剝」；想做的事被「好心有餘、耐心不足」的大人接手做了，又再一次大哭大鬧、情緒失控。

3. 貝蒂終於要吃香蕉了，但香蕉竟然在她要咬下去的那一刻，斷了一截。就像孩子在乎的東西在眼前損壞了，也免不了要大哭大鬧、情緒失控。

貝蒂身邊一直有一隻大嘴鳥先生相伴，無論貝蒂如何哭鬧，大嘴鳥先生都會先等貝蒂平靜下來，再與貝蒂溝通，共同面對、處理、解決問題。「先等孩子平靜下來」是處理孩子情緒問題非常關鍵的前提，在稍早提及的《菲菲》和《野獸國》中也都有這樣的暗示。繪本看起來是給孩子的讀物，往往也為成人提供一些很好的親職建議。

觀察作者史帝夫．安東尼在角色選擇上的用心，更能看出作者是「和孩子一國」的。代表孩子的小黑猩猩足足比代表成人的大嘴鳥高出好多倍，大嘴鳥若沒有飛起來或站在高處，就必須仰望貝蒂，這不就是現實生活中，孩子看成人的視角嗎？在故事中，象徵權力關係的高度可以顛倒過來，光是這樣的視覺暗示，就能給孩子相當程度的愉悅。反之，更重要的是，成人也能從大嘴鳥先生的態度和作法中，見習到如何與幼兒溝通，避免總是以上對下的態度，找回「陪伴孩子成長、而不是催促孩子成長」的初衷。

無法控制怒氣，可能會造成什麼後果呢？這也是共讀時可以與孩子一起思考的問題。例如，當黑猩猩貝蒂的香蕉斷掉時，她氣得不停哭鬧，大嘴鳥先生說：「你不需要這樣。不然，你要不要把香蕉給我？」這個激將法讓貝蒂趕緊一口吞下香蕉，香蕉非常美味。如果她不停止哭鬧，說不定香蕉就真的被大嘴鳥先生吃掉了。要哭鬧？還是要好好享用美味的香蕉呢？這個選擇並不難。

★失控的後果

另外，也有一些故事，不特別把焦點放在情緒本身，但讓我們看到發怒、失去理智的後果，讀者讀著故事，一邊覺得主角可笑，一邊收到故事中的訊息。像是《阿松爺爺的柿子樹》就讓我們看到因為小氣、忌妒、惱羞成怒的老爺爺，因為怒氣蒙蔽了理智，做了後悔莫及的事，得不償失。Miyarse 和 Daniel 的《Pardon Me!》裡的鸚鵡也因為氣得聽不進別人的勸告，下場更是慘兮兮。

在封面上，讀者就能看得出這隻鸚鵡有一身倔脾氣，作者把這個角色情緒轉變的幾個表情都畫得好極了！鸚鵡飛到河中央，找到一處可以悠哉歇腳的「石塊」，他想獨享，卻不能如願。大白鷺來了、青蛙來了、烏龜來了，每個後到者，都很有禮貌的說「Pardon Me!」，表示「不好意思，讓我也上來擠一擠、休息片刻」。鸚鵡能說什麼呢？他無法拒絕，卻也答應得不情願。他對大白鷺說：「我想我也沒辦法阻止你站上來……」對青蛙說：「已經很擠了……你不覺得嗎？」對烏龜，他語帶諷刺地說：「當然當然……反正整個沼澤的人都在這裡了，沒有理由只有你不行。」

最後一根稻草是狐狸，他在岸邊大喊「Pardon Me!」，還有話沒說完，鸚鵡以為狐狸也想擠上來，他的怒火爆發、趕走所有的後到者。殊不知，狐狸不是想擠上「石塊」，是好心想提醒——他們並不是站在石塊上，而是站在潛在水中的鱷魚背上。後來鸚鵡怎麼了呢？作者沒有畫也沒寫出來，讀者只看見鸚鵡消失在下一頁的畫面上，而鱷魚同時打了一個飽嗝，然後也說「Pardon Me!」，為他粗魯的飽嗝表示歉意。

無論是從情緒的成因、情緒的轉化和調適，或是情緒所造成的後果，都有不同的作品，讓大小讀者從不同的面向來享受有趣的故事，也在樂趣之中獲得一些啟發。

最後補充一些故事，不見得是直接處理憤怒的情緒，但都是幫助孩子學習轉化各種憤怒情緒的好故事，在這些故事中，可以觀摩故事角色樂觀的態度——轉念，也是處理情緒的好方法。面對讓我們生氣、傷心、不如預期的事，若能轉個念頭，就能看到事物仍有好的一面、值得珍惜或感謝的一面，原本在意的事就不再像背後的芒刺或眼皮底下的沙粒。例如《皮皮貓我愛我的白布鞋》、《皮皮貓和他的四顆帥鈕扣》、《橘色的馬》、《傑布龍的紅氣球》等都是。

蘊含轉念元素的故事很多，隱身在各種不同的主題之下，表現的方式也很多樣。選書時可仔細探勘，一定可以挖出不少寶藏。

延伸閱讀

- 《愛哭公主》，親子天下
- 《生氣是怎麼一回事？》，大穎文化
- 《不要！我不要！》，台灣東方
- 《好消息壞消息》，三之三
- 《生氣王子》，親子天下
- 《心情很差的巨人》，韋伯
- 《不要不要超人》，小熊
- 《生氣！》，青林

六、生命的終點站

關鍵字

生命教育、家族記憶、生命旅程、生命哲學

人生在世，唯一能夠確定的事無非就是我們終將會死，在《當鴨子遇見死神》的故事中，死神並不是在某天某時才出現、向鴨子索命。當鴨子終於發現死神跟在身後時，死神告訴他：「從你出生，我就在你身邊」。談及死亡的繪本，數量相對於其他主題來說其實不少，但因為忌諱或其他原因，受到注意的並不多。《當鴨子遇見死神》稱得上是此類作品中非常特別的一本。作者沃夫．艾卜赫是獲頒安徒生大獎的德國創作者，透過此作品，他向讀者（無論年老或年幼）傳達出一個重要的訊息：死神並不是脅迫生命的可怕角色，而是一個忠實的朋友。

★對死亡的想像

將死神比喻為一個忠實的朋友，確實是令人一時難以置信的說法，但仔細品味這個故事，讀者將換個角度看待死亡。無論是誰、任何種族或性別、不分貧富與貴賤，只要一出生，死神就跟在身後，是為了在大限來時照料我們的最後旅程，而不是「時候到了」才來索命。以這樣的角度來看，即使作者以骷髏人具體表現死神的形象，死神也不再那麼恐怖了。這個朋友，讓我們對於不確定的大限時刻有人可以託付，而感到些許安慰。請看看這個故事的尾聲：

「我覺得好冷喔！」有一天晚上鴨子說，「你可以溫暖一下我的身體嗎？」

輕柔的雪花在空中飄蕩。

一件事情發生了。

死神注視著鴨子——

他沒有呼吸，一動也不動的躺在那裡。

死神把鴨子身上豎起來的羽毛撫平，

然後抱起他、走向一條大河。

他小心翼翼的把鴨子放在河水上，輕輕的推了鴨子一下。

死神在河邊站了很久，目送著鴨子慢慢飄走。

當他再也看不見鴨子，幾乎悲傷起來。

不過，生命就是這樣。

★面對親友逝世的悲傷

對這項人生唯一確定之事，我們多半不願意面對，也不容易面對，甚至索性避而不談。但成人自己若無法坦然面對，當孩子問起，要如何和他們談呢？孩子勢必也會感染到我們的焦慮與不安吧！因此，大人不妨多接觸這類主題的繪本。

另外，與其將死亡主題的繪本用在孩子受到家人、朋友死亡的衝擊之後，意圖用以「療癒」，不如能在面臨這些衝擊之前，就與孩子一起閱讀、討論。說故事後的討論也要視情況為之，若當下孩子沒有談論的意願，暫且擱置也是可以的，讓這些故事以及故事中面對死亡的各種態度，在心中**發酵成一種正視生命本質的人生觀，成為未來面對衝擊時足以支撐的後盾**。或者，留作未來談及此話題時可以援用的素材。

《獾的禮物》算是此類繪本中的經典代表。年老的獾料想自己不久於人世，冬天來臨前，牠在睡前留下一封信，給森林裡所有愛他的動物們，而後在睡夢中安然離世。翌日早上，動物們不見獾出門，走進他家中，發現這封信，獾寫道：「我到長隧道的另外一頭去了，再見。」動物們傷心不已，分別在自己的巢穴中度過一個更加寒冷的冬天。直到春天再度回來，大家開始回憶老獾對牠們的種種照顧、教導和疼愛，發現點點滴滴的回憶都是快樂且美好的，就像是老獾留給牠們的禮物。

這本作品，並沒有因為篇幅短，就刻意簡化、淡化、美化驟然面對死別的當下。動物們一開始還是陷入深深的悲傷，但悲傷會沉澱，歲月會淘洗出記憶中每一段美好的緣會，讓悲傷轉化為感激與懷念，重新給生者繼續前行的力量。

柳田邦男先生先後在《繪本之力》和《尋找一本繪本，在沙漠中……》（中文版皆由遠流出版）兩本書中，分別提到《獾的禮物》曾為一個家庭帶來力量。多年前，一個名叫良太的兩歲小男孩因急性腦炎導致腦死，良太八歲的小姊姊和六歲的小哥哥每天仍帶著玩具來探望小弟，也急著想知道小弟什麼時候才可以回家。母親求助於另一位醫師，希望他能與另外兩個孩子聊一聊，她的想法是：「對於良太的死，我不想讓兩個孩子覺得是一個失敗、恐怖的回憶，甚至產生負面的情緒。我想讓良太的死變得有意義……。」

受託的細谷醫師帶來一本繪本，在小弟的床邊、父母的眼前，為兩個孩子說故事，這本繪本正是《獾的禮物》。說完故事，細谷醫師說：「獾是因為年紀大了才死去，不過，也有人是在更小的時候就死了。沒有人曉得誰什麼時候會死。再過不久，良太有可能就要穿過隧道，自由的飛向隧道的另一端。現在的他，已經睡得好沉好沉，他不會有什麼痛苦的。你們應該可以知道吧！」

良太的小姊姊和小哥哥用力的點頭，掉下了眼淚。三年後，良太的母親在一次分享會中，也再次提起這段往事：「說好不哭的由加和康平兩個孩子都哭了。細谷醫師對孩子的一言一句，對站在一旁聆聽的我和先生來說，就像在乾枯的土壤澆水一樣，慢慢的、溫柔的擴散開來。」這些眼淚，並不是來自崩潰無助的強烈悲痛，而是釋懷、祝福。原本害怕悲傷的心被有意識的武裝、將悲傷禁錮起來，變得堅硬。但是堅硬的心只能鎖住悲傷，無法收納對於逝者的種種美好回憶。**透過故事的「淨化」，心被溫柔的軟化，逝者才能以另一個形式住進我們的心中。故事真有力量！**

關於面對摯愛的親人離世，將自己的心與世隔絕，奧立佛·傑法的《害怕受傷的心》非常值得一讀。另外，德國作者布麗塔·泰肯特拉普的《回憶樹》，和《獾的禮物》的核心主題是異曲同工的，兩者都將逝者留給我們的美好記憶比喻為最後的禮物。在這個繪圖極美的故事中，受大家喜愛的狐狸在森林的一片空地上長眠了，森林裡的動物好傷心，紛紛聚在他身邊懷念狐狸生前與自己共度的點點滴滴。

隨著大家的回憶，心中的悲傷被回憶的溫暖包覆，長眠的狐狸也化為一株小樹苗。大家交換分享的回憶得越多，小樹苗就長得越高。自此，森林裡雖然少了一隻狐狸，卻多了一棵「狐狸紅」的美麗大樹。在文學的語境裡，樹正好也是生命欣欣向榮的象徵，狐狸已活在朋友們的心中，牢牢扎根。

★為家人預作準備

另有一類故事，描繪的是離世的家人為「被留下來」的家人做好準備的體貼。這樣的故事，讀來有另一種不可思議的力量，讓我們去發現、想起那些先「啟程」的家人為我們設想周全的心意。《大象的背影》的創作緣起是作者腦海中時常浮現的一句話：「大象一旦察覺自己瀕臨死亡，就會離開象群，獨自走向死亡之所。」於是，身為父親的作者不禁想像，離開象群的大象或許也會想要留下什麼訊息給牠們的遺族，他創作這個故事，就讓自己置身在大象父親的位置，想為孩子留下一些重要的訊息。

某個夜晚，象群都熟睡了，忽然起身準備離開的大象爸爸吵醒了小象波波，波波看著爸爸漸行漸遠的背影，決定悄悄跟上去。爸爸只是在河岸邊挖了一個洞，像是埋進了什麼東西，將洞填平之後就回到象群裡。隔天深夜，爸爸又起身離開，穿過森林、走過豐美的大草原、經過老虎的岩洞、走得更遠，但同樣沒特別做什麼，只是找個地方、挖個洞，再將洞重新填平。

大象爸爸知道波波跟著他，將他從暗處喚了出來，告訴他：「再過不久，爸爸就要去一個很遠很遠的地方……爸爸要自己去……爸爸就要死了。只要是大象，都會明白這件事……爸爸會從大家的身邊消失。我的身體、我的聲音、我的味道，全都會消失。」事實上，爸爸是刻意讓波波跟著，他想在離開之前讓波波更有勇氣。在爸爸離開一段日子之後，波波獨自踏上爸爸曾在深夜走過的地方之後，才恍然大悟……

爸爸到底在土裡埋了什麼？
波波挖了又挖，卻沒找到任何東西。
波波終於懂了。
爸爸根本沒有埋任何東西。
他是為了教波波一些事情，才假裝在地底埋東西。
不論是河流、綠油油的草原、老虎住的岩洞，
或是在黑夜裡穿越森林的勇氣，
爸爸都想教給波波。

和《大象的背影》相似，《爺爺的天堂島》也是先行者幫助家人預先「做好準備」，

但這個故事又給讀者全然不同的啟發。《爺爺的天堂島》並沒有直接寫出死亡一詞，也沒有足以讓讀者直接聯想到死亡的情節或畫面。全書都在美好而平靜的隱喻中，讀者可以自己決定怎麼解讀，是近年來描繪死亡非常好的作品。

在這個故事中，男孩去爺爺家找不到爺爺，原來爺爺在閣樓上，這也是男孩第一次跟著爺爺走上閣樓。爺爺要男孩推開閣樓牆上的一扇大鐵門，整棟房子瞬間變成一艘大船；他跟著爺爺駕船出海，到達一座熱帶小島。在小島上找到一間沒有人居住的小木屋，度過很美好的一天。一天將盡，爺爺說他決定永遠留在島上，祖孫倆緊緊相擁、道別之後，男孩獨自駕船返航。難以掌握的海波，讓大船搖晃得特別厲害，在這一頁，作者替男孩說出心中的話：「少了爺爺的旅程，似乎變得更加漫長……。」

關於人生，「旅程」是相當常見的隱喻。《爺爺的天堂島》中的兩段旅程，一段是祖孫同行、另一段是男孩獨自摸索、踽踽獨行。**這就是人生**，不是嗎？**有時有家人朋友相伴，但也免不了要面對不能說再見的相送**，重新適應少了一些人的人生。

這麼說或許感傷，但是作者的巧思，能給讀者不同的觀點和安慰。早在書名頁，作者就畫了許多暗示：爺爺的剛完成的大幅畫作，正是他決定居留的那座島；牆上還有島上小木屋的草圖，和參考圖鑑畫的動物朋友們。因此，這座島是爺爺早就規劃好的「天堂」。作者讓讀者重新理解身後的世界：天堂，是個人的「創作」，也是自己在心中勾勒出的、最美的未來之鄉。

書名頁太關鍵了！這一頁雖然沒有文字，但其實說了許多。在這張圖中，爺爺早就向孫子介紹了他的「天堂島」，對男孩來說，深愛的爺爺不是憑空消失了，只是遠航去到他的天堂島上。那座島，男孩可能聽過爺爺描述了無數次，所以才能想像爺爺身後在什麼樣的地方。如今爺爺所在的那座島雖然那麼遠，卻也那麼近；遠在茫茫大海的彼端，近在自己能夠想像得到的地方。作者班傑・戴維斯也透露他在這座島的繪製過程中，藏了一些想法在裡面，若你有這本書，不妨仔細端詳這座島，若看不出所以然，再將這座島翻轉九十度，那是爺爺的頭像。因為創作者細膩的心思，這座島，不僅是爺爺的「去處」，也是爺爺本身了。

面對生命最後的一段旅程，故事提供的不是「方法」，而是態度。有機會，和家人朋友一起說說你的天堂吧！

★死亡是怎麼回事？

接下來介紹兩本在圖像的表現上截然不同，幾乎可說是南轅北轍，但都是帶著讀者直視死亡的作品，分別是《The Purple Balloon》（暫譯為《紫色汽球》）和《再見，愛瑪奶奶》。

《紫色汽球》是凱迪克獎常勝者克里斯．瑞卡的作品，這本書有兩個非常特別之處。其一是角色全都被代之以「氣球」，另一則是瑞卡以變成紫色的氣球代表逝者，而這麼做是有根據的。與死亡和臨終的相關研究著作曾表示，若讓面臨死亡的重症病童以「畫出你的感覺」為主題作畫，孩子們不分宗教或文化背景，通常都會把自己畫成一顆藍色或紫色的氣球，沒有束縛的在天空自在飄浮。

因此，瑞卡便在這本書中，將家屬、親友、醫護人員等角色都以各種顏色的氣球表現，而瀕死之人則是從其他顏色轉變為「紫色」。這本繪本的角色既不畫人也不畫動物，繪圖看起來抽離現實，保持著安全的距離來表現死亡，但文字卻將人們面對死亡的歷程說得極為直白，甚至提到「只有一件事比某個老年人的死亡更讓人難以啟齒談論，那就是……一個年輕人的死亡」。本書的圖文力道互相制衡，一方面可以透過文字毫不迂迴的與孩子談論死亡，另一方面，在視覺上，透過原本沒有生命的氣球來直視死亡，也減少了一些心理壓力。

《再見，愛瑪奶奶》也讓讀者有機會「直視」死亡，但與《紫色汽球》完全不同的是圖像的表現。《再見，愛瑪奶奶》的作者大塚敦子始終如一，全書的圖像都是她親自拍攝的相片，文字則是以愛瑪奶奶的愛貓為敘事者，說著奶奶臨終前的日常生活片段直到臨終的時刻。當讀者翻閱這本書時，等於是以貓的視角親眼目睹這一切。不過，這本書完全不會帶給讀者恐懼感，因為愛瑪奶奶豁達接受將死的事實，而且她非常愛自己、體貼家人、懂得生活。最後這段日子，奶奶過得非常有尊嚴，請看看以下摘錄的幾段，這是一本會給人許多啟發的書：

奶奶看起來一點都不悲傷。她說：「接下來，我大概會漸漸的不能走路、不能吃東西，不能做各種事情。不過，這些都是為了身體即將展開的旅行在做準備。」

即使生病，奶奶每天還是要保養自己的皮膚。

愛瑪奶奶說：「在我的人生當中，現在可以說是最幸福的階段。過去種種的失敗和痛苦，現在都變成美好的回憶了，而且，我現在也能對以前的朋友釋懷了。因為，我終於曉得，為什麼那個時候他非要那麼做不可……。」

愛瑪奶奶也曾頑皮的說：「我已經決定好哪一天要死。我把日期寫在一張紙上，我死了以後，大家找找看吧！」

無論是無憂的童年、豐美的青壯年、遲暮的老年，或是任何一個生命階段，都可能要面對死別。臨終之時，若可以從容而有尊嚴的準備踏上另一段旅程，是最難能可貴的了。《再見，愛瑪奶奶》讓讀者親見一位老太太非常有尊嚴的走完人生最後一段路，《豬奶奶說再見》也很溫柔的呈現生命最終階段最美好的樣貌。

病了一陣子的豬奶奶，忽然起身梳妝出門，她對孫女說：「今天有好多事要做，我得準備好。」豬奶奶辦完該辦的事，和孫女一起去散步，用眼耳鼻舌身、所有的感官，記得世間的美好；最後，才在孫女的懷抱中安詳長眠。這本作品雖有淡淡的感傷，但卻能提醒讀者，**最該提起的是對美好生命的珍惜之心，珍惜卻不抓緊，對於死亡的疑懼，才能從容放下。**

★悼念逝者之書

至於要如何悼念、紀念已逝的生命呢？對逝者最好的懷念或許不只是哀傷的眼淚。在《跟小鳥道別》中，孩子們用的方法是「唱歌」。《跟小鳥道別》是瑪格莉特·懷茲·布朗的經典作品之一（其他還有像是《逃家小兔》、《月亮晚安》等等），在二〇一六年又再由近年受到矚目的畫家克里斯汀·羅賓遜重新詮釋。孩子發現了一隻死去的小鳥，他們為小鳥挖了一個墳，難過的哭了一會兒，就為小鳥覆上沙土、鮮花，為牠立一塊墓碑，「在他們忘記小鳥之前，孩子們每天都來為小鳥唱歌，放幾朵鮮花在小鳥的墳上。」

或許有讀者認為小鳥不是親人，所以死亡帶來的悲傷無法比擬。我當然同意，相信大多數的人也都同意，但請看看《跳舞》。乍看書名，讀者完全無法預料此書也觸及與親人死別的主題，死亡確實也不是這個故事的主題，只是最後的一幕。這個動人的故事主要是描繪父親對掌上明珠的愛，但是最後一幕，值得我們深思——面臨死別時，被留下的人除了懷念、感謝，還能如何繼續往前呢？書名已經給了讀者暗示。

疼愛女兒的父親，將熱愛跳舞的女兒呵護長大；在她人生許多日常或重要的時刻，例如開始學舞、上台表演，女孩沒看見的爸爸，其實都在身旁、屋裡或在幽暗的舞台下，帶著微笑，靜靜關注著她。「女孩沒看見爸爸，不表示爸爸沒看見她」，這個故事不斷重複著這個重要的伏筆。直到爸爸老了，臨終之時，女兒傷心的說：「在我心中，每一支舞都是為你而跳的，如果失去你，我不知道還能不能再跳舞？」爸爸聽了，表示他希望女兒要繼續跳下去，不久之後就過世了。已是中年的女兒走出房間，在那當下，她展開雙臂、踮起腳尖，再為爸爸跳一支舞，像小女孩時的她一樣、是爸爸最疼愛的小女孩。整個故事在本書反覆出現的這幾個字上畫下句點：

雖然她沒有瞧見爸爸，

她的爸爸卻一直看著她。

還面帶著微笑。

原來，面對死別，被留下的人還可以「跳舞」啊！愛你的人離開了，但他一定希望你前行的腳步，不是哀痛沉重，而還能夠翩翩起舞。由詩所改寫為繪本的《化為千風》中的每一句，應該是所有逝者想對掛念他們的人說的話，這些話語在風中，輕輕的，請仔細聽：

請不要佇立在我墳前哭泣
我不在那裡，我沒有沉睡不醒
化為千風，我已化身為千縷微風
翱翔在無限寬廣的天空裡
秋天，化身為陽光照射在田地間
冬天，化身為白雪綻放鑽石光芒
晨曦升起時，幻化為飛鳥輕聲喚醒你
夜幕低垂時，幻化為星辰溫柔守護你

最後再列舉幾本繪本提供參考，同儕的死亡（手足或是同學），如《你到哪裡去了？》、《小魯的池塘》、《阿讓的氣球》；寵物的死亡，如《跳吧跳跳》、《我永遠愛你》、《花狗》、《全世界最棒的貓》等等。

每個人一出生，就是搭上通往死亡的直達車，這並不是消極的想法，而是事實。

唯有我們正視、直視、肯認這個事實之後，在搖籃與墳墓之間的我們，才能更加珍惜生命、積極度過每一天。透過繪本談論死亡時，也應更廣義的思考「生命」的價值。不妨看看《蜉蝣的一天》：

她是蜉蝣。

這是她在世上的第一天，也是最後一天，

因為蜉蝣只能活一天⋯⋯

這是全新的一天，也是最美好的一天。

她珍惜活著的每個時刻。

蜉蝣的一生就是一天，這一天，是全新的一天，也是唯一的一天。如果以百歲粗估人類的年齡（其實多半是高估了），濃縮在二十四小時之內，換算之後，每一年大約是十五分鐘。如果出生時是午夜零時零分，現在的你幾歲了？已經是幾點幾分了呢？在到達終點站之前，或許還有時間，不管時間剩下多少，好好把握，暢快的享受你的旅程吧！

延伸閱讀

◆《熊與山貓》，小天下
◆《奶奶只是想睡覺》，台灣東方
◆《爺爺到底有沒有穿西裝？》，格林文化
◆《小傷疤》，聯經
◆《晴子的黃色爸爸》，信誼
◆《我好想妳，媽媽》，水滴
◆《小兔子奧布拉》，玉山社
◆《我的小小朋友》，聯經
◆《媽媽變成鬼了》，小熊出版
◆《爺爺的天堂筆記本》，三采文化

PART 2

「世界的孩子」主題繪本選讀

前一章聚焦在「孩子的世界」，包含孩子的內心世界，小小的生活圈，以及在這個生活圈裡可能會面臨的問題。我們無法讓時間暫停流逝，孩子也會不停長大，長大的孩子會走進更廣大的世界。走向世界、將自己嵌入世界的過程，不見得都是平順的，可能有許多考驗、有衝擊、難免會感到失望，常常是跌跌撞撞。

作為父母，多半不捨孩子受到衝擊、失望或是受傷，但是碰撞的另一面是體驗和成長。親身去碰撞、體驗世界，才能真正成為世界的一員，像是神話故事中的英雄之旅，壯遊之後才能找到最真實的自我、最重要的寶藏，以及最適合自己的位置。

在「世界的孩子」這一章中，會先以「碰撞與體驗」這個走向世界的過渡期開始，加上「從我到我們」、「透過動物的眼睛」、「環境的議題，生存的課題」與「繪本裡的歷史課」共五個主題，分別選出一些很好的作品。在這些故事裡，看看孩子從個人與家庭的小小生活圈向外走，先經歷人際關係的練習，在這當中，有考驗也會有甘美的情誼。再進一步，則是更廣大的世界，包含其他的生命、環境與生存的關係、歷史的前鑑。有些故事不是甜美的，不像多數人印象中的繪本故事，但人生也不全然是甜美的，像是蔡藍欽的歌〈這個世界〉：「在這個世界，有一點希望，有一點失望……有一點歡樂，有一點悲傷，誰也無法逃開。」

我們為孩子準備甜美的故事，也別避開願意正視嚴肅課題的故事，畢竟孩子不是生活在密封真空的糖罐子裡。從故事開始，讓孩子為走進真實的世界預作準備，也才有機會如蔡藍欽〈這個世界〉的歌詞後半段：「我們的世界，並不像你說的真有那麼壞，你又何必感慨，用你的關懷和所有的愛，為這個世界，添一些美麗色彩。」

未來，在孩子的手上，我們必須讓孩子們有機會聽見屬於他們的召喚。

七、碰撞與體驗

關鍵字
探索世界、成長、天賦、使命感、自我價值

所謂碰撞、體驗、找到最真實的自我，或是在世界上找到自己的位置，未必只有神話巨著或偉人傳記才能提供類似的閱讀經驗，有些故事看起來極其無厘頭、沒有道理可循，但卻能給小讀者自在探索世界的感受。長新太的《橡皮頭蹦太郎》是很好的一個例子，大人不太懂得欣賞長新太的作品，不過孩子卻能懂得他圖文中沒有邊界、無拘無束的自由。

★因探索帶來的碰撞

既然碰碰撞撞是體驗的必經過程，就無法不提起《橡皮頭蹦太郎》這個碰碰撞撞的奇特故事。在這個故事裡，長新太以大量的鮮橘色和螢光粉紅色，營造出一個超現實的世界，在這樣的背景下，好像給了讀者一種「在這裡，什麼都有可能發生喔」的暗示。一個小男孩，從第一頁開始就在空中自由飛行，他能夠飛行，並不是因為有魔法或是背上有翅膀，也沒有任何飛行器，而是他有一顆橡皮做的頭，無論撞到什麼東西都不會痛，還可以高高彈起、飛行。

蹦太郎看到許多特別的風光，也經歷了幾次有驚無險的考驗。他一邊碰撞一邊飛，沿途體驗這個世界的趣味，最後停留在一棵橡皮樹上休息。橡皮樹在蹦太郎睡著的時候，還溫柔的以枝葉為他蓋上被子。雖然作者沒有說，但是橡皮樹的汁液就是橡皮的原料，等於是橡皮頭蹦太郎的母親、生命的起源。在故事最後，蹦太郎就像是回到母親的懷抱裡，安心入睡。

「**世界很大，盡情去闖、去碰撞**、四處去看看，都不會痛喔！」這個故事不僅給小讀者自由的感受，彷彿也可以提供一些勇氣和鼓勵。

★來到世界，必有使命

如果你是一個容易焦慮的家長，不放心孩子走向世界、讓他自己在世界上找到屬於自己的位置，不妨看看《走進生命花園》，從另一個觀點來想像孩子來到這個世界上的可能性，或許可以稍微寬心。「每個孩子都是老靈魂」，這是新時代生命哲學的觀點，**孩子並不是一張白紙，他們有自己的先天氣質、與生俱來的能力，甚至是使命感。**《走進生命花園》的作者寫出這樣的觀點，而繪圖的奧立維．塔列克以有如光暈般的大塊白色來畫故事裡四處看世界的孩子，就像是一個觀察世界、準備做出重要決定的「老靈魂」……

孩子坐在他的島上，一邊看著這個世界，一邊思考。

孩子看到了飢荒。

他想，應該用繩索抓住雲朵，讓雨水灌溉在沙漠上，

應該挖掘流著水和牛奶的河流。

孩子看到了憂傷。

他想，應該學習加、減、乘、除，

應該學習和別人分享金錢、麵包、空氣和土地。

孩子看到了海洋。

他想，應該把海洋清洗乾淨，

然後坐在大海前面，自由地夢想。

……

這是最後一次，孩子在他的島上看著這個世界，

然後，他決定……

恕我不能將這孩子的「決定」在這裡寫出來，這樣一來就洩漏了這個故事最關鍵的機密。如果要我列出足以影響孩子（或是你心裡的孩子）一生最重要的故事，我一定會將這本書列入，請你務必親自讀一讀。

★向外探索的收穫

每個孩子終將走向世界，即使不一定會像《走進生命花園》的老靈魂那樣深刻的觀察世界，但出於好奇，孩子們勢必會有屬於他們自己的發現、聽見內在的召喚。好

奇能讓我們發現世界更多的可能性、拓展視野、滿足自我實現的需求。想像看看，如果你是一隻企鵝，生活在茫茫大海包圍的冰雪世界，也無法像「橡皮頭蹦太郎」那樣到處彈飛，要是沒有驅使你向外探索的好奇心，可能會永遠以為世界只有白色、黑色和藍色，多可惜。

《企鵝的故事》裡有一隻名叫艾德娜的小企鵝，她發現她的生活世界裡只有三種顏色，舉目望去，不是白色、黑色，就是看不到盡頭的藍色。雖然她並不討厭這三種顏色，因為「有白色的冰可以溜冰、有黑色的夜晚可以看星星、有藍色的大海可以抓魚」，但她總是和其他安於現狀的企鵝不同。當其他企鵝聚在一起打打鬧到的時候，她在思考、在尋找，並且一步一步向外走出去。她堅信除了這三種顏色之外，一定還有其他的東西。《企鵝的故事》是一個非常簡單的故事，但能在故事中體會到「**好奇心足以成就不簡單的事**」。

「一定還有其他的東西」，這是驅使小企鵝艾德娜出發的信念，她也確實找到了「其他的東西」。然而，就算她像《一直一直往下挖》的兩個少年一樣，與許多深藏地底的鑽石擦身而過，沒有找到「奇妙的東西」，但他們確實經歷了無比奇妙的事。

如果你讀過《一直一直往下挖》，卻未曾發現奇妙之處在哪裡，不妨再把書找出來，仔細比對書名頁和最後一頁。同樣的，看看《探黑》裡的夜觀探險家，他走遍世界各地、上山下海、進出叢林或極地，看似沒有看見動物的蹤影，但不代表什麼都沒有，況且，**探險最大的樂趣就是探險本身**，「出發」、「在路上」已經是最好的報酬了，只要出發上路，一切都不枉費，**所有的體驗都將化作生命最寶貴的資歷**。

如果覺得以上幾本書的歷險不夠刺激，澳洲創作者葛瑞米·貝斯的《航海小英雄》，應該可以滿足故事重度上癮者的想像。《航海小英雄》魔幻寫實風格的繪圖非常精采，讓這個故事完全就是繪本版的神話英雄史詩之旅。

主角小威最愛聽的床邊故事是《金蝸牛傳奇》，有一天，他決定要出海去尋找故事裡被大巫師放逐的金蝸牛，他興奮大喊：「我要遨遊四海一百年。」小威的媽媽沒有緊張的制止他，還為他準備了一頂帥氣的船長帽，並到港口為小威送行。臨行之際，媽媽也沒有太多破壞想像的叮嚀，只是對著戴反帽子的小威大喊：「要戴好你的船長帽。」

「就這樣，小威出發前往天涯海角。」讀者可以理性的分析這個故事只是小威自己的想像，他壓根兒沒有真的出航。但這樣不就太無趣了嗎？何不接受作者的安排，跟著小威乘風破浪、踏上這趟充滿雄心壯志的奇幻之旅。

小威在這趟旅程中遇見許多奇妙的生物：開滿蝴蝶的樹、像珊瑚島一樣的巨蟹、機械結構的燈籠魚等，牠們都是大海上落難的生物。小威雖然希望早些到達目的地、找到金蝸牛，但也不忍心棄牠們於不顧。雖然耽誤了自己的航程，但在旅途的後半段，當小威遭遇危難時，曾受助於小威的生物也紛紛前來解圍。這樣的故事，蘊含了很可貴的價值觀，在孩子走向世界的旅途上，將會受益無窮；更可貴的是，作者不多說，讓讀者自己領會。

另有幾本作品，雖然沒有《航海小英雄》那樣壯闊的旅程，但也可以讓孩子體驗類似「橡皮頭蹦太郎」的碰撞探險，加上故事最後的安排，也能讓孩子感受到父母像是張開枝葉的橡皮樹，可以讓他們在小小的歷險之後，鑽進溫暖的懷抱裡休息、重新充電；像是《我可以抱抱月亮嗎？》和《我是抱抱機》皆屬此類。

在這兩本書裡，無論是前者的小貓頭鷹，或是後者自稱「抱抱機」的小男孩，在創作者的奇想之下，都不只是一個單純渴望擁抱和需要被完全保護的弱者，而是想要給出擁抱的付出者，也是一個想在生活世界中證實自己有力量的行動者。

先看看《我可以抱抱月亮嗎？》，小貓頭鷹除了想要給出擁抱，同時仍有渴望被愛、被關懷、被認同的心理。他抱不到高掛天上月亮和星星，他的擁抱還嚇跑了蝴蝶、弄破了泡泡。察覺鱷魚和巨蟒可能帶來的威脅之後，小貓頭鷹心想：「我相信一定有個人，可以給我好多的親親和抱抱，讓我從頭到腳都能感覺得到。」再翻開最後一頁，小貓頭鷹已經投入媽媽的懷抱裡，被抱得好緊，他說：「這答案可能就在我的身邊。」在這本適合幼小兒童閱讀的故事裡，跟著小貓頭鷹，年幼的孩子既**體驗探索世界的小遊歷，遊歷之後也得到無比的安心**。

《我是抱抱機》的主角小男孩相對於前一個故事的小貓頭鷹，更具有展現自我力量的企圖心。作者史考特．坎貝爾用「抱抱機」為題，把溫暖、充滿情感的「擁抱」與工業化冷靜、充滿效率、追求量化表現的「機器」這兩個概念結合起來，形成相當有趣對比，但又不矛盾、衝突。同時，也可以點出小男孩自稱「抱抱機」的小小雄心：

「我擁抱所有東西！沒有什麼能逃過抱抱機。」小男孩確實是「看到什麼抱什麼」，不只抱家人、抱路人，也抱路旁的消防栓、郵筒和行道樹，而且還不僅如此。其中有一頁，小男孩抱著大熊，文字寫著「My hugs make the biggest feel small」，次頁他又抱著一隻小烏龜，文字是「The smallest feel big」，中譯本將這兩句譯為：「我的抱抱讓大生命感覺被照顧；讓小生命感覺很重要。」短短兩句話將擁抱的神奇力量詮釋得淋漓盡致，真是神來一筆。好一個抱抱機！

也別錯過這本書的前、後蝴蝶頁。前蝴蝶頁是羅列得滿滿的任務清單，後蝴蝶頁的清單已全都打勾完成。這個有趣的設計，可以讓讀者想見小男孩的抱抱任務非常辛苦。即使是電力充沛的抱抱機，也會有氣力耗盡的時候。最後，又有一雙手向他靠近，小男孩精疲力盡的說：「抱抱機已經沒有力氣再給人擁抱了。」他不知道，這雙是媽媽的手，媽媽一把將小男孩抱了起來。雖然抱抱機已經沒有力氣再抱人，但是他當然樂於接受擁抱。

若有機會讀這個故事，讀完後別急著把書收回書櫃，請再回頭去看看男孩擁抱的第一個人是誰呢？就是他的媽媽，當男孩在第一個跨頁氣勢磅礴出場，宣告「抱抱機來了」之後，他最先擁抱的是他的家人：媽媽、爸爸和姊姊。突如其來的一抱讓他們都愣在原地，但是看著小男孩出門執行抱抱任務時，媽媽的表情浮現帶著祝福的微笑。彷彿在心裡對他說：「孩子，你出門去完成你的大計畫吧！累了隨時回來……。」

★尋找自己的天賦

看過《我可以抱抱月亮嗎？》和《我是抱抱機》後，再把故事角色的年齡往上提高些，大孩子和成人更容易將自己投射在故事角色上，對於發現天賦、回應生命的召喚、迎向世界、去碰撞、去體驗，能產生不同的體會。就說《森林裡的鋼琴師》吧！一隻小熊在森林裡發現一台鋼琴，他被這個會發出怪聲音的怪東西深深吸引，小熊每天都到鋼琴所在的地方，即使碰觸鍵盤會發出可怕的怪聲音，仍忍不住伸出胖胖短短的手掌試探。日復一日，小熊長成了大熊，也自學有成，能彈奏出迷人的曲子。

某日，城市來的人發現在森林深處演奏的大熊，從他們口中，大熊得知城市裡有更多美妙的音樂、更好的鋼琴和演出機會，雖然捨不得離開故鄉和熊群，但他壓抑不住探索廣大世界、追尋音樂夢的想望。不久之後，定居城市的大熊已經穿上燕尾服，在氣派的音樂廳裡演奏。演奏會的座位一票難求，他也發行演奏專輯、得過不少音樂獎項，時常被報章雜誌報導，成為家喻戶曉的鋼琴家。但是他內心深處知道，他想家。

思念家鄉、族人的大熊回到森林中，原本擺放鋼琴的地方空無一物，連一頭熊也見不著。難道是族人埋怨他的背離，棄他而去了嗎？不！熊群仍守在這片森林裡，鋼琴被移往安全的地方妥善保存。鋼琴所在的密林裡，掛滿了有關他的報導剪報、相片和演奏會的宣傳海報。美妙的鋼琴旋律又在森林中再次響起，大熊明白了**世界再大再美好，故鄉才是他音樂種子萌芽的地方、心靈的歸屬**。

《我不想坐在椅子上》和《森林裡的鋼琴師》有點類似，也是離家奮鬥的人獲得成就後重返家鄉。但是這兩個故事又有一個根本的不同，是離家的動機，同時也是旅途展開的契機。

故事的主角是一個好動的男孩巴布羅，他從小就有表演各種特技的天賦，即便玩得傷痕累累也不在意，只在意能得到家人或朋友更多的注意。生日那天，他收到奶奶送他一個包裝精美的禮物，拆開後，竟然是一張椅子。巴布羅百思不得其解，親戚中有人嘲諷的說，送他這張椅子是要他乖乖坐著，不要老是作怪。從這裡不難看出，巴布羅的天賦並沒有讓他贏得家族的讚賞，反而覺得他是愛撒野的小麻煩。

巴布羅負氣將自己關在房裡，在房間裡的幾天，他把玩著那張椅子，不經意就練就了好幾項結合椅子的特技把戲。他原本並沒有要將特技表演當作志向，但天賦驅使著他表現出與眾不同的能力，他也似乎聽見了來自內心的「召喚」，彷彿明白自己是天生的表演者，是能帶給人驚奇和快樂的人。巴布羅走出房間，揹著椅子四處流浪，並在所到之處隨興表演。巴布羅的演出逐漸遍及世界各地，他越來越受歡迎、得到的掌聲也與日俱增。

成名的巴布羅帶著這張椅子往回走、回家。當他回到家，一大家子的人都坐在餐桌旁等著他，桌上也擺好了他的餐具，只是少了他的椅子。其實，他一直都有椅子的，就是多年前奶奶送給他的那一張。這是第一次，巴布羅坐在那張椅子上，開開心心的將他流浪期間的故事說給家人聽。

這張椅子，也是一個有趣的隱喻。它是巴布羅在家中的位子、在世界流浪時被肯定的基礎，但一開始卻是家人眼中的笑話，甚至他自己也為它所困擾，不知道奶奶為什麼要送一張椅子當作生日禮物，毫無道理可言。其實，**一個人的天賦、生命的召喚，究竟會是什麼，也沒有道理可循**；只有傾聽、探索，在人生的旅行中試著「履行」，才有機會明白，**那張沒有道理的椅子，是最適合你坐的，因為那是生命特別給你的「禮物」**。

★發現生命的召喚

既然講到天賦，也提及了志向，最後再多談談志向吧！我們在求學過程中，不知道已經以「我的志向」為題寫過多少篇作文。簡單來說，我的志向就是我們希望自己在這個世界的「角色」以及「位置」，就像巴布羅的椅子，只是巴布羅從未把這個椅子能帶來的可能性當作自己的志向。志向，當然也不是光想就能實現的事，必須經歷許多的碰撞和磨練，最終的結果也很可能不如我們最初所想，但這也未必不是好事。《The Police Cloud》（暫譯為《空中警察雲》）說的就是這樣的故事，作者設計的角色非常討人喜歡，故事也非常好，衷心希望台灣能有出版社願意引進，讓讀者更容易取得、親近這樣的好書。

城市上空有一朵雲，他從小就希望長大以後能當個警察，透過他的好朋友（警用直升機）的引薦，他得以與警察局長面談，得到被試用的機會，成為一朵見習的警察雲。他非常認真執行勤務，但是身為一朵雲，實在不適合當警察。當他衝下地面想要協助同僚逮捕強盜時，全身的雲霧反而擋住同僚的視線，讓強盜輕鬆溜跑；局長將他調去十字路口指揮交通，但一朵雲擋在十字路口的車陣之間，交通能不大亂嗎？他又再被派去中央公園裡巡邏，但他遮蔽了陽光，正在公園內做日光浴的人們都面露嫌棄的神情……。

一心想要當警察，也認真執行勤務的警察雲好傷心，他摘下從小就夢想戴上的警帽，哭著飄走，灑下的雨水，正好為失火的大樓撲滅了大火，在消防車趕到現場時，火災危機早已解除。消防局長爬上雲梯，邀請他加入消防隊。雖然他無法實現從小立定的警察志向，但是戴上消防員的紅帽子，帥氣的程度相較於警察，一點也不遜色啊！更重要的是，這是適合他的工作，再完美不過了。

「發現生命的召喚，是比成功更重要的事」，這是人類發展學家威廉．戴蒙在《邁向目的之路：幫助孩子發現內心的召喚，踏上自己的英雄旅程》中的建言，他更提醒：「孩子必須感受到，是自己親自選擇了人生目的，而且父母不可以代替他們做這個選擇……父母應該支持子女探索人生方向的努力……而非領導的角色，因為這齣人生戲碼的中央舞台屬於子女」。

或許是孩子，或許是你，一旦聽見生命的召喚，就帶著家人的祝福上路吧！所有的碰碰撞撞，或許會留下一些傷疤，但也能帶來許多珍貴的體驗和歷練。最重要的，碰碰撞撞之後，我們能被磨、被磕碰成最獨特的樣子，完美的嵌入那個專屬於自己的位置、一張你與生帶來的椅子。

延伸閱讀

- ◆《脫不下來啊》，三采文化
- ◆《看海的青蛙》，閣林
- ◆《別擔心，我保護你》，格林文化
- ◆《跌倒了，沒關係》，上誼
- ◆《11隻貓別靠近袋子》，道聲
- ◆《小茶壺》，阿布拉
- ◆《孫小空72變》，小典藏
- ◆《小杉和熱氣球》，滿天星

八、從我到我們

關鍵字　合作與競爭、分享、霸凌問題、身心障礙者

當孩子意識到生活世界不只有「我」的時候，腦中想到的「我們」是最親近的家人；隨著年歲漸增，生活的世界像漣漪般向外擴大，「我們」的範圍也變得變大了，組成的成員更加多元，對「我」也不會像家人那樣包容或寵愛，他們會與更多家人以外的人接觸，漸漸發展出更繁複的人際關係。從「我」到更大的「我們」這段過程，有許多事情要適應、得練習。

★學習與人分享

從「我」到「我們」的這一段歷程，不妨看看幾個和蘋果有關的故事。蘋果在「水果界」中，可說是最常現身在繪本裡的明星，頻率足以和動物界的熊匹敵。出現在當

代圖畫書中的蘋果，多半是象徵「分享」的甜美果實，和神話中以及基督宗教中的象徵意義不同，也迥異於深入人心的白雪公主所吃下的惡毒果實。因此，當繪本中有蘋果時，就像是為孩子安排的一場「狀況劇」，常能帶出人際互動的思考。

《祕密》、《一顆紅蘋果》和《蘋果是我的》，這三本有蘋果的故事，都頗貼近孩子剛開始發展的人際關係。依序來看吧！《祕密》裡的小老鼠，發現一顆蘋果，他不打算分享，只想當作自己的祕密，於是他挖了一個洞，把蘋果埋在地底、藏妥當。無論誰經過、問他在背後藏了什麼，小老鼠都不說。這本書的趣味，在於死守著祕密的小老鼠，沒料到埋在地底下的蘋果已經在他背後冒出芽來，不斷長高，最後還開花、結實累累。掛滿枝頭的蘋果紛紛掉落，祕密再也藏不住，也無須掩藏了。這個故事很符合幼兒的心理，也沒有任何要說服小老鼠「應該」與人分享的話，但讓我們讀到：**分享，並不會減少蘋果的甜美滋味**。

《一顆紅蘋果》是岩村和朗的作品，全書的圖畫都是素淨的灰白色，只有蘋果是紅通通、熟透的樣子，對比之下，彷彿可以嗅到熟甜的果香。這個故事的節奏輕快，剛開始沒兩頁，準備在野餐要吃的蘋果就咚咚咚的從山坡滾下去，沿途陸續有小兔子和小松鼠加入幫忙追，追得重心不穩，全都翻觔斗一起向下滾，直到撞上一頭熊才停下來。他們走回山丘上，輪流享用這顆紅蘋果。看著他們等著吃蘋果滿心期待的樣子，以及終於咬下蘋果後滿足的神情，從「我」到「我們」的不同、合作與分享所導向的美好，都不需要再多說了。

群居的生活不會只有和樂融融的合作和分享，競爭總是不可避免的。《蘋果是我的》把競爭之後的「禮讓」，表現得十分逗趣，在這逗趣之間又有一份體貼。這本作品的繪圖、角色的反應都很有「孩子味」，不僅在視覺和情節上提供孩子認同感，這個故事也一反圖畫書中常試圖表現的「分享」，而用了大部分的篇幅在描繪競爭，甚至是爭奪。但是故事發展到最後，卻意外逆轉，所有追著猴子、想要搶回蘋果的動物們，都很酷的放棄繼續逼迫猴子交出蘋果。發展至此，看似是一種「禮讓」的表現，但其實是更高的態度，是一份溫暖的體貼。只能說這麼多了，不宜再透露更多，不然就破壞了閱讀這個好故事的趣味了。

★給與收取的經典之作

和前幾個故事相較之下，謝爾．希爾弗斯坦的經典之作《愛心樹》能觸發讀者思考的，是更長程的。像《愛心樹》這樣可以讀很多年、很多年後讀又有截然不同感受的故事非常難得。這本書有許多不同的讀法，但最核心的主旨就是give and take（給與收取）。在一棵蘋果樹和一個小男孩的關係裡，蘋果本來也是他們分享共處時光的一個甜美記憶，但也是「單方面無限給予」與「單方面不斷索求」循環的起點。有人在這其中看到無比包容的愛，也有人看到的是不平衡的關係。無論如何，這個故事的蘋果提供讀者許多辯證思考「人際互動」的切入點。其中之一，是故事裡的小男孩可能始終停留在「我」的階段，而沒有進一步發展到「我們」，或是忽略了對他而言，最重要的「我們」是他和誰。

《愛心樹》讓我們看到的，是我們一生與人的關係，不同階段讀，會有迥然不同的體會。我曾在網路書店的特別企劃中，為這本書寫過一篇文章：〈每個人的傳記都在愛心樹的故事裡〉，在人生的某些時候，我們像是那個理所當然取用他人關愛的小男孩；在其他某些時候，我們也會成為那棵給得無怨無悔的蘋果樹。因此這樣一篇簡單的故事，能讓我們**看見自己不同階段的樣貌**。在孩子有限的人生經歷中，雖然還無法遠眺、想像往後人生的樣貌，但這是**一本可以從小開始讀的故事**。

一生當中，要遇到一個像愛心樹那樣不求回報、心甘情願為你付出一切的人，肯定是少之又少。**多數的關係都必須是對等的，相互包容體諒才能穩固、長久**。但我們彼此又是那麼不同，從生活習慣到生活意見，在「我們」之中生活著，磨磨合合之間，衝突在所難免。當孩子逐漸走向在意同儕友誼的階段，**衝突與磨合是必修的課題**。

★相處帶來的摩擦

「磨合」是互相的事，不能只要求對方磨去他的稜角來迎合自己。看看《巫婆阿妮和黑貓阿寶》，巫婆阿妮的房子從裡到外、每一面牆、每一件家具都是黑色的，而她的貓也是黑貓，這給她帶來極大的困擾，因為黑貓在全黑的家中，宛如是隱形的障礙。黑貓是巫婆阿妮最好的朋友，但阿妮不時被「隱形」的牠絆倒，盛怒之下，施了魔法將牠變成醒目的彩色貓。這麼做雖然可以看清楚黑貓所在的位置，但卻讓牠很難過，躲到樹上不肯下來，因為牠看起來太可笑了。阿妮很愛她的黑貓，看見牠傷心，她也很難過。她靈機一動，再度施展魔法，先將牠變回一身帥氣的黑，再將屋子、家具變成各種顏色。如此一來，問題解決了。**處理朋友之間相處的問題，不能理所當然要別人配合自己**，這絕對不是健康的相處之道。

在《豬先生和他的小小好朋友》故事中，豬先生和小蟲子的磨合過程也很不容易，主因是兩人的體型差異太大，幾乎沒有可以一起做的活動，這讓他們一度心灰意冷，想要放棄他們的朋友關係。幸好在他們完全放棄之前，找到了可以一起從事的活動，像是看電影、看表演、逛水族館等等。

即使已經有了共同的興趣和活動足以支撐他們的友誼，偶爾仍會有不太順利的時候，像是他們無法一起打網球，因為小蟲總是被球壓扁；他們也很難一起玩捉迷藏，因為胖胖的豬先生幾乎沒有地方可以躲，而小蟲躲好之後，豬先生得拿著放大鏡找上三天才能結束遊戲。

《豬先生和他的小小好朋友》故事後段的安排很好，沒有刻意美化人與人之間的關係。豬先生和小蟲子就像真實生活中的朋友一樣，感情再好、共同的興趣再多，也總是會**有意見相左、興趣不同的時候，但這並不妨礙友誼本身**。

《當我們同在一起》是一本描寫朋友磨合，特別有餘韻的故事。故事的主角高登和老莫是一起分租公寓的室友，高登是個性嚴謹的企鵝，老莫是不拘小節的馬來貘。作者在角色的選定上，相當有趣，因為性格截然不同的高登和老莫，差異之大，可以說是基因中的命定：前者來自嚴寒極地，後者的家鄉是熱帶叢林。極地本來就是大塊的白、大塊的藍，夜裡頂多再加上大塊的黑，生活環境是渾然天成的「極簡風」；而叢林的環境，本來就多元，無論是物種、色彩、音聲都豐富繁多，且緊密共生。

嚴謹的高登愛乾淨、講求秩序，他看不慣也受不了老莫生活隨興、紊亂，熱情的老莫，常把形形色色的其他朋友帶來家中、弄亂客廳、占用浴室。某次，老莫被高登指責得一無是處，他也將自己對高登的不滿全都傾倒出來，大吵一架。緊接著的四個跨頁，沒有任何文字，畫面更由彩色驟然轉為黑白，顯得有些黯淡；且左頁是高登、右頁是老莫，表現出兩人冷靜下來後，都有一些懊惱，似乎也看得出，他們各自在思考這段友誼該如何繼續。左右兩頁、楚河漢界，也好像在暗示著兩人的「分開」。讀者或許會跟著焦急或遺憾，他們從此就要絕交了嗎？

情節一轉，他們確實是分開了，高登在附近另外租了房子，但這兩個好朋友只是分開住，沒有斷絕來往。他們的生活多了一點距離，卻讓友誼更靠近。這一點距離，也讓雙方不再放大檢視彼此的缺點，而能尊重對方的個性和習性。**喜歡朋友原本的樣子，也就沒有什麼需要特別費力包容的缺點了。**

★喜歡朋友原來的樣子

「喜歡朋友原本的樣子」是友誼當中很關鍵的基礎，先來看一本越陳越香的經典作品：唐．菲力曼於一九六八出版的《小熊可可》（若是找不到中文版，英文版仍很容易購得，原書名為《Corduroy》）。在這個雋永的故事中，一隻吊帶褲上掉了一粒鈕釦、在百貨公司商品架上難以出售的小熊玩偶，被一個小女孩一眼看上、買下。小女孩回家後立刻為小熊補上一粒鈕扣，並不是認為掉了鈕釦是需要修補的「缺陷」，她告訴小熊：「我喜歡妳這個樣子，可是幫你縫好背帶，你會比較舒服。」聽到小女孩這麼說，小熊感動的回答：「你一定是個朋友，我一直都想要一個朋友。」真正的朋友會喜歡你最原本的樣子，也正是這一點，讓小熊確認小女孩是真正的朋友。

另一個例子是《小蝙蝠找朋友》，小蝙蝠渴望和其他動物成為朋友，但是他太與眾不同了，因為他成天倒掛著。不過這個與眾不同，並沒有使他特別討人喜歡。可是，何必刻意討人喜歡呢？當小蝙蝠繞過各動物園區，失望的回到自己的園區時，他發現，好多動物朋友都搶先他一步回到住處，學他倒掛在樹上，等著和他當朋友。

故事的最後，是那些等在小蝙蝠住處、主動想和他成為朋友的動物們（包含一個小男孩）。細心的讀者早在前幾頁就能發現端倪，那些來找他的朋友，早就在注意小蝙蝠了。這個故事不僅帶出「真正的朋友會喜歡你原本的樣子」，也涵藏了一個訊息：**你或許無法讓人人都喜歡你，但總有人會注意到你**。

而這個訊息，在《為什麼你看不到里歐》中，以繪本中少有的「鬼」來呈現，表現得非常巧妙。小鬼里歐的遭遇和心緒峰迴路轉，短短的故事卻能給讀者很多的懸念，無怪麥克·巴奈特的故事總能讓人著迷。這本書的繪圖在視覺上也值得一提，繪者是得過許多大獎的克里斯汀·羅賓遜，全書的色調是適合鬼故事森森然的藍，但角色造型卻又童趣純真，碰撞出相當獨特的氛圍。家長或老師在選書時，別因為看到「鬼故事」這個關鍵詞就卻步，這個故事不但不恐怖，還非常可親，故事的意涵和美學價值也值得注意。

★當遇上不友善的同儕

另外，從「我」到「我們」，孩子可能面對的人際課題，除了朋友之外，還有「非朋友」，在這當中，還可能會有一些不太友善的人。**遭受欺侮時，以暴制暴不一定能解決問題**，從類似《獅子與兔子大對決》這樣的故事中，或許可以獲得一些智取的靈感。看看想反抗獅子霸凌的動物們，如何靠著小兔子出面迎戰獅子，讓愛欺負人的獅子輸得心服口服。

從另一個角度再來看霸凌的行為，《鱷魚艾倫又大又可怕的牙齒》以逗趣的故事讓我們換個角度來思考；在這個故事中，鱷魚艾倫有一口嚇人的利齒，他最喜歡在大家面前刻意發出喀啦喀啦的磨牙聲，把所有動物嚇得膽戰心驚是他最大的樂趣。但他有一個不為人知的祕密——那一口利齒其實是假牙。更糟的是，這個祕密不僅被發現，假牙還被暗中拿走，讓他不但再也不能逞凶耍威風，說話還「漏風」，完全失去自信。最後，所有的動物決定將假牙還給艾倫，但是他必須遵守約定，只能用假牙做一些對大家有益的事，不能用來嚇人。惡霸不討人喜歡，惡霸也無法永遠占上風，還是和大家和睦相處吧！

這幾年在網路上時常看到有人問起「孩子被霸凌，有沒有可以解決霸凌問題的繪本」，但實際上，**繪本不是藥方，無法真的對症下藥。如果已經確定遭受霸凌，應該了解原因，並且透過親師合作處理這個問題。**若當下才要透過繪本因應，是緩不濟急的。倒是在平時，或在孩子年幼時，可以**多和孩子共讀有關勇氣、解決問題的故事**，而不一定要選擇直接闡述霸凌的繪本，在長期的閱讀中，養成更強健的心理素質。畢竟「預防勝於治療」啊！

★肢體殘障的朋友

從「我」到「我們」的過程中，孩子還會有一個很重要的發現：世界上有許多「和我一樣，卻也不太一樣的孩子」，不太一樣的部分，有性格特立、身心障礙或傷殘等。

關於肢體傷殘，《輪椅是我的腳》談得非常細膩，而且以好幾種不同的角度來談，包含殘障的小女孩自身的觀點與感受、一般人的態度、一個特別的男孩的獨特觀點。

坐輪椅的女孩不喜歡他人同情的眼光、自以為是的幫忙，她總是喃喃說：「我跟別人又沒有什麼不一樣」，但是那個胖胖的、常被同儕取笑的男孩翻轉了女孩的想法、打開她的心扉……

「我的腿不能動。輪椅就是我的腳。除了這個，我跟其他孩子一模一樣！」瑪姬說。

西吉搖搖頭：「你和別人不一樣。」

「不！你和我，我們跟其他人都一樣！」瑪姬說。

西吉又搖了搖頭：「你坐輪椅。我長得比別人胖。你和我，我們都有和別人不一樣的地方！」

另一個必須坐在輪椅上的是《啄木鳥女孩》，這是一位腦性麻痺女孩的真實故事，繪者充滿靈性美感的圖當中，穿插了這位只能在頭上綁著筆、不斷點頭作畫的女孩的畫作，讓讀者看到一個小女孩的毅力和豐沛的創造力。

《藍弟的翅膀》的手法比較類似童話，但同樣描繪出肢體傷殘者也有機會有特殊的表現；與眾不同的肢體，也有可能是上天賦予他完成獨特任務的媒介。這個故事中的主角，是一隻翅膀軟趴趴的龍，他無法吐出炙熱的氣息，身上沒有閃亮堅硬的鱗片，而是柔軟的絨毛。在龍的國度中，他被瞧不起、被排擠，但經過一段自我追尋的旅程之後，他發現他之前認為的殘缺——柔軟的翅膀和絨毛，可以給人無比溫暖的擁抱，那些殘缺，對人們竟然是一份撫慰的禮物。

另外，無論是以盲人與聾人為主題，或是故事中出現盲人與聾人的繪本，往往也可以讓讀者透過他們的心靈之眼、想像之耳感受到全然不同的世界。例如季茲在《3號公寓》中安排了一個眼盲的鄰居，原本懼怕他的孩子在他的口琴旋律中「看見」一個豐富的世界：

他吹出紫色、灰色、雨、煙和夜晚的聲音。

山姆靜靜坐在一邊聽。

他覺得外面的風景、聲音、顏色全都飄進屋子。

《市場街最後一站》中，奶奶帶著小男孩以不同的角度看他們每週日搭公車的沿途人事物風光，在公車上，有許多美好的對話，讓生活中的平凡變得不平凡、單調變得豐富，尤其是一位視障先生與奶奶的對話，機智且幽默，也道出盲人不僅用耳朵「看」，也能用鼻子「看」。雖然這個故事的重點不在視障者的本身，但光是這個環節，就能讓讀者回味許久。至於聾人身處的無聲世界，在繪本中要如何表現呢？那種可以看見對方開口，但聲音卻像是投石到無底的深井裡的感官經驗，黃立佩的《安靜也可以美麗》，將聲音轉化成另一種層次，表現得真好！

活在「大寂靜」中的主角女孩，名叫小靜，聽不見聲音，卻喜歡樂器，將它們當作雕塑品收藏、欣賞。這樣的嗜好，或許顯現出主角潛意識裡的渴望。為故事帶來轉折的，也是一個樂器，一個妹妹在美勞課做的鳥陶笛，但妹妹說「它發不出聲音」。然而，小靜一吹，竟然「聽見」了許許多多，她每晚睡前都和妹妹分享，有各種糖果的聲音、雞蛋花開的聲音、西洋棋對峙的聲音和魚悠游水裡的聲音等等。

★亞斯或其他特質

《亞斯的國王新衣》是充滿童話氛圍的作品，這是一本有意帶領讀者理解亞斯伯格的繪本，故事甚至嵌入了經典童話「國王的新衣」，而繪圖的背景也設定在十七世紀的荷蘭，這種「超越時空」的文圖表現，相信有個隱而未說的意圖：**有亞斯特質的孩子，並不是當代才有，也不是一種病症，而是一種人格特質**。這樣的布局，不僅讓這個故事具有關懷的深度，也有教育的高度，在這高度之上，卻絲毫沒有刻意教育讀者的意味，還充滿趣味。

「和我一樣，卻也不太一樣的孩子」，也都是獨特的存在，尤其是在父母的眼中。就像是《我是一顆小星星》這本描繪多重障礙孩子的故事最後所說：「我是住在媽媽眼裡的，宇宙最閃耀、最遙遠，也最可愛的小星星！」

那麼，更廣大的世界裡呢？還有什麼樣的「我們」呢？

法國創作者克洛蒂德·貝涵有一本裝幀非常特殊的作品：《世界上的此時此刻》，讓大小讀者在可以展開成四公尺長的書中，看見世界上二十四個時區裡的孩子，在同一時間內生活在什麼樣的環境、過著什麼樣的生活。作者的用色繽紛自由卻協調，線條彷彿自在流動的筆觸像是風也像是光，穿梭在二十四個時區之間。除了以流動的筆觸連結各頁之外，在不同的時區之間也都有巧妙的「過渡」加以連結，例如海洋、道路、建築或樹，讓每一頁的人與地都是獨立卻不孤立的存在。這透露出一種世界觀：地球上的人看似各自度日、彼此無關，但都以某種形式，緊密相連。

從「我」到「我們」，每一個人走向的不單只是學校、社區、辦公室，而是更廣大的世界。在《最初的質問》這本充滿重要叩問的繪本中，作者所提出的其中一個問題是：

對你而言，所謂的「我們」是指誰？

這個問題非常有趣，答案會因你所處的當下、心中在意的人而有異。但若我們的眼界能更遠、胸懷更寬大，想到「我們」這兩個字的時候，可否納入更多、更多的那些「和我一樣，卻也不太一樣的人」呢？

孩子在這世界中，你我都在這個世界中，我們都是世界的孩子。

延伸閱讀

- 《山姆第一名》，小魯文化
- 《我想要贏》，青林
- 《跑太快的斑馬》，滿天星
- 《這是我們的房子》，道聲
- 《我的亞斯伯格超能力》，三采文化
- 《我好壞好壞》，小熊
- 《弟弟的世界》，巴巴文化
- 《誰是蘿蕾特？》，米奇巴克
- 《一個部落的孩子》，格林文化
- 《突突山上的秘密基地》，阿布拉
- 《我不喜歡你這樣對我》，大穎文化
- 《看不見》，小兵
- 《年紀最小的班級裡，個子最小的女孩》，維京

九、透過動物的眼睛

關鍵字
動物權益、生命尊嚴、生態保育、生命教育

從「我」到「我們」的過程中，不僅會有其他人們走進我們的生活圈，很可能還有其他的動物。最早走進我們生活圈的動物，常是家庭裡的寵物，除此之外，還有生活中可能接觸到的動物，像是流浪犬、街貓，以及無論城鄉都常能見到的留鳥；再走遠一些，像是山林間的飛禽走獸、溪流中的魚族。無論是和這些動物建立較深的關係，或是成為彼此的訪客，都是一種生命的練習，練習接納、包容、關懷、尊重、和諧共處……。

★動物與自己的關係

幾乎每一個人，從孩提時期就開始對特定的幾種動物好奇、喜愛，甚至深深著迷。

艾瑞．卡爾曾發起了一個集體創作活動，邀集了十四位繪本創作者，一人一個跨頁，畫圖撰文分享自己最喜歡的動物，最後集結成《你最喜歡什麼動物？》一書。出身捷克的彼得．席斯喜歡鯉魚，與他童年的生活經驗有關，捷克的聖誕夜傳統要吃鯉魚，家家都會提早在街上買條活鯉魚，先在家中的浴缸裡養著。彼得．席斯寫下這段宛如捷克人集體記憶的文字：

鯉魚在浴缸裡發著藍光，看起來既憂鬱又孤獨。我們小孩子會痴痴的看著牠，幫牠取名字……等到耶誕夜那天，鯉魚要被煮成大餐了，孩子們往往會開始大哭，甚至罷吃抗議，最後全家只好帶著鯉魚到伏爾塔瓦河放生。很多家庭都跟我們一樣，帶著鯉魚來河邊，所以河裡有許多藍色的鯉魚游向大海。這個景象帶給我們希望！所以我最喜歡的動物就是象徵希望的藍鯉魚。

讀著這段回憶的吉光片羽和其中溫柔對待生命的畫面，立刻想起另一位大師級的創作者馬克思．維特惠思的《小男孩和大魚》（在稍早「我喜歡我自己」的段落中，曾介紹過他的《Frog is Frog》）。同樣是有著一身藍綠色鱗片的漂亮鯉魚，被釣魚的小男孩帶回家養在浴缸裡，男孩對大魚很好，但大魚始終不開心，還做了一個想家的夢。夢裡，牠的紅色魚鰭變成一對大翅膀，飛回思念的湖水中。男孩不忍看著大魚悶悶不樂，又抱起牠，送牠回到屬於牠的湖泊。

和孩子共讀這樣的故事，不只能享受美好的故事，也有機會**萌發對其他生命溫柔相待的態度**，在這個態度的基礎之上，才有機會**發展出對生命的敬意、尊重與守護**。

★看見動物，也看見自己

事實上，動物不見得都是「受助者」，動物也可以是提供人們力量的角色。在 Bob Stake 的無字繪本《Bluebird》（暫譯為《小青鳥》）中，一個在同儕間被孤立、嘲笑的小男孩，因為一隻小青鳥短暫的陪伴而化解孤單。故事的結局雖然有點感傷，但是卻能讓讀者在無字、無聲的圖像中，跟著故事中的小男孩一起走出陰霾，在微微的感傷中看見幸福的微光。如果你覺得這只是虛構的故事，不足以說服你，不妨再看看以真實人物自傳為故事題材的《謝謝你，美洲豹》。

《謝謝你，美洲豹》的作者是動物學家艾倫．拉賓諾維茨，他自小因嚴重的口吃問題，無法順利與人溝通，即便是最簡單的日常對話也是困難重重。只有當他唱歌或和動物說話時，才能暫時擺脫口吃之苦。因此，他每天放學就把他豢養的動物朋友們從籠子裡放出來，一起躲進衣櫃裡，關上衣櫃、和牠們說話。動物們的傾聽，讓小男孩鬱悶的心情得到紓解，也立定人生的方向。他覺得無法以言語表達的動物和自己很像，因為無法表達心聲，總是被忽視或誤解，甚至遭受傷害。小男孩對著他的動物朋友們立誓：「我發誓，要是我能找到自己的聲音，我會當牠們的聲音，不讓牠們受到傷害。」不僅如此，他也到動物園中，對那頭他很喜歡的美洲豹說出他的誓言。

經過漫長的努力，長大的男孩終於可以較為流暢的表達，但他依舊覺得自己是個有缺陷的人。唯有當他隻身在深山、叢林中研究野生動物時，才能感到自在。當他開始在貝里斯的叢林裡從事美洲豹的研究工作後，他愈發感到前所未有活力，那是來自他熱愛的動物給他的動力。後來，艾倫・拉賓諾維茨甚至為了解決美洲豹遭到過度獵殺的問題，親自向貝里斯的總理口頭簡報，他在極有限的時間內流暢的完成簡報，並且成功說服這個中美洲最窮的國家設立全世界第一，也是唯一的美洲豹保護區。

某次，在這個保護區內，一隻美洲豹緊跟在他身後。他蹲坐下來，和這隻陌生的美洲豹四目相望，被這隻豹的力量深深打動。在那當下，他感到「我們兩個同樣完整無缺，我們兩個都像回到家一般自在。」

透過動物的眼睛，不僅看到動物眼中的世界，也有機會看見「自己」。對艾倫·拉賓諾維茨而言，他的完整、自在，或許是因為找到並實踐屬於他的生命價值，也兌現了他兒時就向動物立下的承諾；對那隻美洲豹而言，牠的完整、自在，則是因為牠能在屬於牠的環境裡，活得像隻美洲豹。那麼，動物園中的動物呢？牠們同樣完整而自在嗎？

★反思動物園裡的動物權益

以動物園為主題或背景的繪本，數量極多，但反思動物園的合理性、動物園裡動物的權益的繪本就非常罕見了。在「有趣的主題」與「嚴肅的課題」之間抉擇，可以理解，作者和出版者多半會選擇前者。

長期以來，我們賦予動物園教育的目的性，讓其存在得以名正言順；但實際上，娛樂效果仍多於教育意義。事實上，台灣不也有「遊樂場與動物園比鄰設置」的休閒度假村嗎？娛樂或是教育，早已不辯自明。

安東尼·布朗的《動物園》堪稱是刻劃動物園中「觀看與被觀看」最深刻的作品，也最為繪本愛好者熟悉。在這本書中，作者讓讀者聚焦在一個家庭進入動物園的觀看行為。被關起來供人觀看的動物，只不過是一家人休閒一天中微不足道的點綴而已。爸爸不斷說著沒有意義的笑話，笑話不好笑卻顯得說笑話的人可笑；孩子也只是打打鬧鬧、吵著要吃零食、要去紀念品商店花掉他們的零用錢。相較之下，只有媽媽是唯一冷靜思考人類行為與動物處境的角色。

回家路上，媽媽問兩個孩子，今天的動物園一遊，印象最深刻的是什麼呢？其中一個孩子說他最喜歡當天吃的漢堡、薯條，另一個孩子最喜歡的是他在紀念品商店裡買的猴子帽。爸爸則在一旁插話說：「最好的事就是回家」，並追問媽媽回家之後晚餐要吃些什麼。安東尼·布朗雖然將焦點放在單一家庭，但說這是「動物園觀看行為群像的縮影」也不為過。

安東尼·布朗將動物園中的動物無精打采的一面呈現給讀者，逼著讀者直視現實。故事最後的動物是黑猩猩，特地將這一幅圖拉近、特寫大猩猩臉的局部，同時，關著牠的鐵籠也被格放到剩下一橫、一豎，看起來就像是一個十字架，這個符號橫亙在大猩猩的容顏之前，說了什麼呢？是犧牲？是輓歌？安東尼．布朗的繪圖中，總是說了許多文字有所保留的話，有關這本作品的介紹也非常多，有興趣的讀者不妨自行搜尋或自己花些心思推敲。

另外，蘇西．李的《動物園》與安東尼．布朗的經典之作相較之下毫不遜色，在反思動物園意義的表現上，無論是風格或是圖像中的隱喻，也都非常出色。蘇西．李的《動物園》，穿插著許多用色近乎刻意節制的跨頁。這幾頁的彩度極低，只有當動物們超現實的在牠們的想像中回歸自由，才有狂野奔放的筆觸和繽紛明亮的線條，藉以表現出動物們應有的樣子，像那隻與動物學家相遇的美洲豹，完整而自在。

安東尼．布朗的《動物園》讓讀者聚焦看一家人的動物園觀看行為，蘇西．李則是讓讀者廣泛看看所有進到動物園裡的人們，他們多半只顧著嬉鬧、拍照、吃冰淇淋、兄弟打架、情人曬恩愛，甚至還有人在草皮上違規野餐。被關著的動物在這些人們的心中，幾乎也沒有被觀看的必要性。在這些彩度極低頁面中，作者沒有在牢籠內畫上動物，也很有深意；反正動物對這些人來說，也等於不在場，這樣的表現，等同是無聲的抗議。蘇西．李也在這個故事中安排了一家人，尤其以虛實交錯的手法，表現出只有這家的小女孩真正「看見」了動物，而被看見的動物是彩色的，自由而歡騰的、真正的活著。

若說動物園裡的動物不像是真正的活著，那麼，被訓練來表演娛樂人們的動物更是如此。陳芳怡獨立出版的繪本《馬戲團》裡的馬戲團，不刻意美化馬戲團「帶給人們歡樂」這個理所當然的「想像」；因為，「歡樂」一詞，在馬戲團等動物表演的空間中，是很有歧異性的——看表演的人歡樂，但表演的動物在訓練過程中受苦；陳芳怡的《馬戲團》將這一點不流俗的書寫、描繪出來。

書名頁有一個面向帳篷布、戴高帽的男人，像是準備進場、揭開序幕、向觀眾宣布，動物們即將出場、獻上精彩的節目。第一頁的文字敘述是這麼開始的：

大象、長頸鹿、猴子、鱷魚與其他動物一一出場表演。在馬戲團團長的指揮之下，完成了一個個困難又精彩的動作。

文字這麼寫，但是繪圖呈現的畫面卻完全相反，被聚光燈打得亮晃晃的舞台中央，沒有任何一隻動物，只有一輛空著的特技腳踏車。動物們去哪裡了呢？其實，動物還是在場的，只是在某種程度上，身心遭受禁錮的牠們，同時也不在場。此外，觀眾也是暈開的一片顏料，沒有臉孔，甚至也看不清形體。這和安東尼·布朗與蘇西·李在各自的《動物園》中描繪的觀看者一樣，有多少觀眾是全心欣賞動物的表演呢？不過是喧騰激昂的熱鬧一場。因此，觀眾在場，也不在場。

觀眾席間，有一隻白鳥，作者安排牠貫穿整個故事：讚嘆動物們的表演、溜進後台去探視心中的大明星、看見動物們失魂落魄、發現牠們都「沒有影子」。因為失去了影子，所以動物們都遺忘了自己原本的樣子。小鳥飛越千萬里，在遠方找到了牠們的影子、帶回馬戲團。和影子重逢的動物們，重振精神、開始喧鬧，像是真正的動物了。甚至，當馬戲團再次開張，牠們都不再聽從指揮，不會穿上衣服、不會任何表演，只是隨興的在舞台上走來走去。

動物園或馬戲團裡的動物，會有鄉愁嗎？《我認識一隻熊》的故事非常簡單，但卻很詩意的描繪這種可能的心理狀態。故事裡的小女孩說她認識一隻來自「熊之國」的熊，那隻熊常與她分享故鄉的遼闊、在故鄉生活的種種美好。但是說完這些，一翻頁，熊所在之處竟是在鐵欄杆後方。女孩說：「他再也回不到那個地方了。」因為這是一隻來自熊之國，卻身陷在動物園裡的熊。這個故事不直接「反動物園」，畢竟動物園的存在是一時無法改變的，但是作者的安排很好，女孩說：「每當他說起那片土地時，我都會非常仔細的聆聽。」單憑這一點，這個小女孩就和安東尼．布朗與蘇西．李所描繪的動物園觀看者不同了。

如果真的去了動物園，請好好看看、聽聽牠們！

動物並不是人類的所有物，安東尼．布朗與蘇西．李正好都將「靈長類」放在故事收尾之處，安東尼．布朗的《動物園》在最後一連安排了三種靈長類動物：狒狒、紅毛猩猩和黑金剛。蘇西．李的《動物園》在看過許多貌似沒有動物的空籠子之後，「最後終於到了猴子的世界」，「猴子的世界」在這一頁其實是一語雙關的，字面上的意思是圍欄內展示猴群的岩石山，隱含的意思則是指同屬靈長類的人們的世界。小女孩在這個故事開始不久後，就從現實世界的動物園走失，進入到動物們的自由夢境中，在「猴子的世界」這一頁，小女孩焦急的父母才終於在長凳上找到睡著的她，小女孩在這一頁也回到的了現實的世界、猴子的世界。

嚴格來說，人也是動物的一種，為何可以理直氣壯的將「非人類」囚禁起來（儘管有專業飼育員的照料），供人類娛樂消遣呢？若有意利用這兩本作品帶孩子思考動物權益，不妨推敲安東尼·布朗與蘇西·李在故事安排的這個巧合，有許多值得辯證討論的地方。透過動物園裡的動物之眼，可以看見人類以世界的中心自處，可能帶來的問題。

★動物是誰的

任何動物都不該是人類的所有物，《這隻麋鹿是我的》保有奧立佛·傑法一貫幽默的風格，少了直指問題的鋒利警醒，讓習慣溫暖、快樂風格的繪本讀者，可以稍微放鬆心情透過故事反思相似的議題。《再見鵜鶘》與稍早提過的《小熊可可》，都是唐·菲力曼的經典雋永之作，是我個人私心偏愛的作品之一。在這個故事中，男孩和家人每年夏天都會到海邊度假，「小朝來到沙灘，看到鵜鶘站在木樁上，他好高興。去年夏天，他們說再見的時候，鵜鶘就站在同一根木樁上。」這個故事中的鵜鶘並不是被擬人化的角色，因而更顯得故事中的男孩和鵜鶘的互動更加真實，他們的友誼也彌足珍貴。

現實中，也有不少野生動物與人類確實成為莫逆之交的實例。二〇一一年一位巴西的老漁夫在海岸邊發現一隻全身沾滿油污、奄奄一息的麥哲倫企鵝。他把企鵝帶回家，仔細為牠清除沾黏在身上的油漬、照顧牠直至恢復健康後，立刻將牠放回大海。老漁夫以為永遠不會再見到這隻企鵝，沒想到企鵝幾個月後，又從南美洲最南端的棲地長泳八千公里回到巴西的里約熱內盧，與老漁夫相聚。往後每年，企鵝就維持四個月回到棲地育雛，再泳渡八千公里到老漁夫的身邊，和他一起共度另外八個月。

「成為朋友」或許是高標準，但至少不要降低標準，讓人與動物的關係只是「所有物」和「所有人」的從屬關係。**所有的生命都是這個星球上的居民，是互相供給所需的鄰居**。不過人類不但很少給予，反而時常出於慾望而非需求而索求無度的拿。為了魚翅「拿走」的不只是鯊魚的鰭，而是牠們的生命；為了象牙，也直接「拿走」象的生命；為了一生之中難得有幾天去動物園走馬看花，「拿走」無數動物的一生。只是因為人類更有能力、有工具，就能「弱肉強食」嗎？

動物園飼育員出身的繪本創作者阿部弘士，看過無數動物的生死，他在《動物園的生死告白：畫家飼育員說的生命故事》（無限出版）中，曾記下他的觀察：「我到世界各地看過野生動物後，一個共同的感覺，就是只要不是與人有關的『死』，都是正確的死。」

提到阿部弘士，這位曾在北海道的旭山動物園擔任飼育員長達二十五年的創作者，對於畫動物也非常有自信，他在《動物園的生死告白》序言中，表示自己不僅就近觀察過各種動物活生生的模樣，也常協助獸醫解剖，對於動物的骨骼或肌肉的連接方式也有相當的瞭解。因此，他可以很有自信的畫出一般繪者注意不到的大象腹部下方的細節、長頸鹿的頂上風光、大猩猩和棕熊毛髮生長的方向等。他的畫作並不是細膩寫實的，也不是童趣可愛的，而是介於這兩者之間，具有一種獨特的生命力。若打算以「紙上逛動物園」取代動物園一日遊、希望能更仔細瞭解動物，或是想讓孩子在動物園之旅前先認識動物，以便能在進入動物園後看點門道而不只是光看熱鬧，都非常推薦阿部弘士的作品。

阿部弘士最完整的「動物園紙上導覽」當屬《大家來逛動物園》，本書以他特有的筆觸，仔細介紹了三十九種動物園中常見的生物，也簡單的介紹了自由進出動物園的生物，像是麻雀、鴿子、蜘蛛、螞蟻等等，既包容又可邀請讀者將注意力也放在動物園未展示的其他生物。最後，阿部弘士更是幽默的介紹「人」這種動物，這一頁無論圖或是文，都是以動物們的眼光來看的。

★人與動物的關係

人類對動物的影響，不只限於被監禁在動物園等處的動物。**人口的遽增、生活範圍的無限擴大和自然資源的開發，在在都影響動物的生存權**，首當其衝的就是牠們能安身的棲地。印度著名的兒童文學作者和繪者合作的《樹上有老虎？》、《小心有鱷魚！》，看似侵入人類生活領域的猛獸，造成人們一陣恐慌，但仔細想想，難道不是人類先奪走牠們的棲地，才造成這樣的問題嗎？這兩本作品，引起的思考非常有意思。少見的南亞風格，在圖像表現的美學上也能給讀者很多新鮮感，連帶也讓我們循著新鮮的思考路徑，去反思人與動物的關係。

最後以兩位與動物有深刻而奇妙緣分的真實人物，作為本段落的小結。他們走進野生動物的棲地，影響無數人跟著他們以動物的眼睛重新看待動物與自然。這兩位就是星野道夫和珍古德，一東一西、一男一女，都彷彿受到某種使命的召喚，從年輕甚至年幼開始，就對自然與動物懷抱莫大的熱情，並付諸行動走進這些動物的真實生活領域。珍古德幫助黑猩猩扭轉生存的困境，星野道夫則是透過詩意的攝影眼，讓世人更加瞭解極地的環境與生命。

將珍古德與黑猩猩的緣分和終生的行動當作繪本題材的主要有兩本，分別是《黑猩猩的好朋友：珍古德》和《我…有夢》，這兩本作品的創作者也都具有相當的代表性。前者的作者是貞娜．溫特，她的創作題材多半取自真實的人物和事件，溫暖但不喧賓奪主的畫風和紀實的故事，讓她的作品呈現一種傳記式的風格。《我…有夢》的作者麥當諾也是紀實的故事，但是透過他純真素樸的筆觸，聚焦在珍古德年幼時期在心中萌芽的夢想，把小珍古德對自然的嚮往描繪得彷彿讀者也能聽見那樣的召喚：

當她把臉頰靠在樹幹上時，好像可以感覺到樹汁在樹皮下流動。珍感覺到自己的心跳撲通、撲通、撲通。

風吹過她的頭髮，她一遍又一遍讀著《人猿泰山》這本書，書裡面的女主角也叫珍，她在非洲的叢林裡探險。

珍也夢想能在非洲生活……

星野道夫十九歲時，在舊書店發現一本阿拉斯加攝影集，開始嚮往那片遙遠的土地，大學畢業後就前往阿拉斯加，拍攝極地的曠野、森林、動物和人文遺跡。他外出生態攝影時，特別堅持不帶武器、槍枝自衛，以便能保持緊張感，留意四周動靜、徹底融入大環境、拍攝最好的作品。雖然他在四十三歲那年，被棕熊襲擊而喪生，但是他的遺孀為他整理攝影作品與筆記，編成《熊啊》這本特別的繪本。本書的第一頁就是以熊的視線高度拍攝的相片，俯臥的棕熊，看起來像是在沉思，而摘選出來搭配這第一張相片的第一句話則是：「我一直期待見到你」。

《熊啊》全書呈現的是無比壯闊的大地與生命，看得出鏡頭後方攝影者的姿態多麼謙卑。星野道夫確實是這樣的，他在棕熊密度最高的小島上追蹤、拍攝熊，島上沒有路，所有勉強能被稱作是路的小徑，都是熊走出來的路。他在《極地的呼喚》（晴天出版）中曾經寫下：

當我一腳踏入森林，四周馬上就像黃昏一般，變得相當陰暗。等眼睛習慣那種亮度之後，便可以清楚看見爬滿青苔的林木，熊的道路隱約地往森林深處不斷延伸。我不知道自己究竟是想遇到熊，還是不想遇到，我帶著這股矛盾的心情慢慢前進……習慣了森林的氛圍之後，我深深覺得自己彷彿成了熊的雙眼，在眺望著這片森林。

透過宛如棕熊的眼睛，星野道夫說：「我發現，我們擁有的是相同的時間之河」，這句話也編錄在《熊啊》書中。透過動物的眼睛，星野道夫看見的是貼近生命律動的原始共振，是一種生命與生命之間緊密的聯繫。星野道夫雖然無法親口告訴更多的人、更多的孩子，但是透過繪本，他將他從動物眼裡領會到的世界觀傳遞出去。

動物的眼睛看見的，不是無知，而是最貼近生命本質的東西，這多半無法幫助孩子在校考試得高分、畢業後在社會上覓得好職位，但是**曾經經驗過以不同的視角看世界的靈魂，會是自由的，也會是不妨礙其他生命追求自由的，是豐收的，也有能力使人豐收，因為他們的靈魂住在寬大的心裡**。

透過動物的眼睛，我們可以看見的遠比想像的多更多。

延伸閱讀

- ◆《看見》，小魯文化
- ◆《世界珍奇花園》，遠流
- ◆《和我玩好嗎》，遠流
- ◆《過…過…過馬路》，玉山社
- ◆《海星在哪裡》，小魯文化
- ◆《酷老師逛動物園》，小魯文化
- ◆《大猩猩伊凡》，道聲
- ◆《男爵的鳥巢箱》，小天下
- ◆《大象在哪裡》，小魯文化
- ◆《輕輕呼氣小白鯨》，上誼

十、環境的議題，生存的課題

關鍵字
地球暖化、環境教育、環境正義、人與自然

前一個段落談的是「透過動物的眼睛」，透過動物的眼睛，我們向外看見有別於人類的生命力、向內在看見自己存在的價值，也審視人類自我中心的傲慢以及可能帶來的問題。在這個段落的一開始，有關自然環境的議題，透過動物的眼睛，我們也能看見人類的生活方式對環境帶來的衝擊。

人對環境的破壞

約翰．伯寧罕的作品以「現實與想像交織的趣味」著稱，許多作品的圖文都表現出孩子遊走在現實與想像之間、脫離成人的掌控、展現自主意識。《喂！下車》則是以孩子在夢境中的遊戲來表現想像的部分。被催促上床睡覺的男孩，抱著他的大狗布偶進入夢鄉以後，就和大狗一起搭乘床邊的火車出發旅行去了。

諷刺的是，在這個故事中，孩子的夢境與想像，一幕幕都是對成人在現實世界中破壞環境生態的指控。當男孩和大狗在不同地區下車玩耍時，都會有動物現身，想要搭上他們的火車。每一次，男孩和大狗都會嚴厲喝止：「喂！下車！那是我們的火車！」但是聽了動物們陳述牠們被迫害的事實之後，又會讓牠們上車、加入旅程。男孩和大狗的火車，幾乎像是另一種形式的「方舟」了。

陸續加入的動物有大象、海狗、鶴、老虎和北極熊，牠們除了身陷被人類獵捕、奪取象牙、毛皮的危機之外，也分別代表不同自然環境、生態系統遭受破壞，像是叢林、海洋、沼澤、冰原等等。每一個動物都說了同一句話：「很快的，我們就要從地球上消失了。」也是因為這一句話，讓男孩和大狗不忍心驅趕牠們下車，同行的夥伴越來越多。

在繪本中，創作者若要藉由動物發聲，控訴人類破壞環境，導致生存危機，最具代表性的動物可說是北極熊，北極熊幾乎已經成為環境議題中悲劇性的角色。在約翰・伯寧罕的《喂！下車》中，北極熊也沒有缺席，只是在這個故事中，北極熊的災難是「有人想要拿我的皮去做大衣」，因為本書最初是一九八九年出版，彼時關於溫室效應、全球暖化的議題還沒有真正受到注意和討論。

★全球暖化的議題

《浮冰上的小熊》和《天空小熊》的出版，都是在極端氣候顯著、全球暖化問題備受關注後的作品。相較於被獵殺，人類和其生活方式所造成的氣候劇變、生存環境不可逆的毀壞，更加速牠們大規模滅絕的危機。《浮冰上的小熊》和《天空小熊》都是小北極熊因為冰原驟然斷裂，而與父母離散、不得不踏上冒險旅程的故事。以幼獸的角色陳述北極熊的面臨的困境，有「類同儕認同」的效果，更容易引起孩子的同情、同理，以及對環境議題的關心。有機會與孩子共讀這樣的故事時，**親子可以一起想想如何為節能減碳盡一份心力，讓小北極熊別再面臨和父母離散的孤獨和嚴峻的險境。**

因為北極熊看起來還不打算放下麥克風的樣子，以下再補充兩本很好的作品，好讓北極熊可以甘心退場。《北極熊的一天》的表現方式，和前兩本書非常不同，在畫風上，《北極熊的一天》沒有以可愛的小北極熊作為主角，以便讓讀者保持「安全距離」看環境與物種生存的議題。這本書的北極熊非常寫實，牠忽然出現在一個女孩的家裡，並帶著這個敷衍完成「北極熊研究報告」作業的女孩前往北極，讓女孩好好認識牠以及牠的家鄉。

女孩跟著北極熊瞬間穿越時空到達北極，一開始也表現出「沒什麼好看」的態度，但當她跟著北極熊的腳步慢慢探索，不只看到北極熊的真實生活，也看到一個迷人的世界。例如，北極熊說牠喜歡音樂，便讓女孩跟著牠把頭探進海水中，一起聆聽鯨魚的歌唱。從這裡開始，這片大地、大海的美打開女孩的心，她開始跟著北極熊盡情體驗「熊式生活」。玩累了，在冰原上小睡片刻的他們渾然不覺冰原斷裂。浮冰消融的速度超乎想像，一覺醒來，他們已經在茫茫的冰洋中。

幸好女孩學會了鯨魚的歌，她以歌聲召喚鯨魚將他們載回冰原上。極地之旅在與北極熊並肩欣賞極光後畫下句點，女孩安全返家，重新完成一份圖文並茂的北極熊研究，不再是之前那張隨便列出「北極熊很大、牠們會吃東西、牠們很兇」的報告。《北極熊的一天》讓讀者也走進北極熊的世界，體驗牠們的困境，也感受那片遼闊極地的壯美，雙管齊下，相信可以喚起讀者更多的關懷。

另有一本以北極熊為主角的無字繪本也很值得一讀，韓國作者李美靜的《白熊》雖然不以文字說故事，但也至少說了兩種可能的故事。第一種是一頭北極熊的奇幻之旅，牠逃出動物園、走進城市、穿越巨幅廣告、步上天梯、搭乘飛行電車抵達北極的家鄉，有圓滿的結局！第二種可能性則比較傷心，這一趟返鄉之旅，或許只是北極熊的一個美夢，夢中走得再遠，夢醒之後還是在原地。

無論是動物園或是大都市，對一頭北極熊而言，都是異域。《白熊》的其中一頁，北極熊在擁擠的地鐵站候車，列車開走後，只留下擠不上車的北極熊，彷彿象徵牠在這個城市沒有自己的位置，因為牠不屬於城市。牠繼續踏上旅途，一路上，北極熊眼前的城市動態，以及人們的生活、生產方式，例如滿街的車輛、堆積如山的廢棄物，和遠方工廠或焚化爐排放的廢氣，都是加速牠家園毀滅的肇因。藉由這幾頁，看似無聲的無字繪本，卻擲地有聲的帶出氣候劇變對北極熊生存的巨大衝擊。讀至此，不禁為這頭北極熊心急，牠必須加快腳步，在家園徹底消失、無家可回之前。

人類對自然環境、整體生態系統的影響，永遠超乎我們的想像。地球已經四十五億歲，而人類在地球上出現至今的時間長度是十四萬年；十四萬年聽起來很漫長，但若將地球的年紀濃縮成二十四小時，人類存在的時間不過只有三秒鐘。在短短的三秒鐘裡，我們幾乎毀掉整個星球。美國饒舌歌手Prince Ea關心許多人類生存的議題，包含人權、環境等，他曾用這個「三秒鐘」的換算，拍攝一段名為「人與地球」（MAN vs. EARTH）的Rap影片。在片中，他也引述了相關生態研究的預測在歌詞裡：「未來十至一百年之間，在童書裡我們深愛的動物幾乎都會滅絕」，這都肇因於人類對環境大規模破壞。影片最後，他拋出一個問題：人類要如何才能走向「第四秒」？

如果現今人們的生活方式不徹底改變，要邁向「第四秒」恐怕是困難重重。若你曾閱讀過美國著名小說家戈馬克．麥卡錫的《長路》（麥田出版），肯定更能想像我們的文明建立在脆弱的基礎上，隨時都可能因氣候劇變、生態浩劫或核武軍備競爭而崩塌。崩塌之後，邁向「第四秒」的路途，恐怕就會像《長路》故事中所描寫的，世界在無盡的冷雨和黑暗之中，動物滅絕、糧食極度匱乏，強橫的人在文明的廢墟中把弱者像家畜囚禁「待用」。在這樣的末日環境裡，想要帶著年幼的孩子孤身上路尋找可以棲身之處，這條路果真漫長無比。說起來或許非常沉重，但這卻是小說家預視的一種可能性。

★需要的不多，想要的很多？

人類整體的生活方式，究竟出了什麼問題？看看《全世界最窮的總統爺爺來演講》吧！此書的內容正是取材自烏拉圭前總統穆西卡的演講稿，雖然不是典型的故事繪本，但這位樸實的總統在演講中的一席話，直接提醒了我們被物質掛帥、消費至上的魔咒給控制，成為一個充滿物慾也被「物役」的世界。人類長久以來對「進步」與「文明」充斥許多迷思，**過度追求進步、窄化文明的內涵，已造成生態、權利和公義的失衡**。他的演講，沒有嚴厲的指責和批評，卻教人警醒、深思，字字句句充滿洞見：

為了追求更方便、更好的生活，我們製造了各種物品，社會因此出現大幅度的發展。但是這也製造出畸形的社會。我們大量製造出物品去販賣，然後再拿賺來的錢去買東西。接著，我們又渴望擁有更多的東西，並想盡辦法去取得。

現在，世界各地充斥著買賣物品的商店。為了更便宜的製造、更昂貴的賣出去，我們搜遍全世界，找出哪一個國家有更廉價的勞工可以利用……

我們面對的挑戰非常艱鉅。眼前的危機，其實並不是生態的危機，而是我們生活方式的危機，因為人類已經無法控制自己一手建立的制度……

穆西卡總統在演講中提到：「我們誕生到世界上，並不是為了追求發展。我們來到這個星球，是為了得到幸福」，只是我們的生活方式讓真正值得追求的目標本末倒置了。在追求「進步與成長」的惡性循環中，即使是爭取到工時縮短的勞工，仍得再另外兼職，只為了償清貸款。最後，「在不知不覺間，變成像我這樣一個有風濕痛的老頭子，迎向人生的終點。」穆西卡總統的每一句話，都撞擊著我們習以為常的認知：要社會進步，就要有好的經濟發展，**經濟要能發展，就要不斷開發資源，最後耗損的是我們美麗的星球、人們有限的生命，但這真的是我們想要的生活嗎？**

人們確實陷入「進步」與「成長」的迷思之中許久，除了《全世界最窮的總統爺爺來演講》這類演講改編的繪本以外，其實有不少繪本都觸及到這樣的主題。將「進步」與「成長」這兩個詞括號起來，是因為它們的表面看來美好，實則暗藏許多問題。田島征三的《從山裡逃出來／垃圾丟啊》，是一本從左翻或右翻都能讀的故事，這樣的繪本，我個人傾向稱作「雙向道繪本」。更具體來說，這樣的作品，可以透過雙向的故事軸線，提供讀者從兩個不同的角度審視同一事件。讀者若從動物的角度來看，書名就是「從山裡逃出來」，反之，就是從人類的角度來看這本書，書名就是「垃圾丟啊」。這本書因為同時兼具兩個角度，讀者可以更加理解事件的因果關係是如何的密切緊扣。

各種安居在深山裡的動物為什麼要倉皇逃離家園呢？因為山中有一個大工程展開了，大型機具進入山中挖掘大坑，用來掩埋焚燒垃圾之後的灰燼。從「垃圾丟啊」那一面往回讀，讀者就能發現我們的過度的消費行為，以及不假思考的生活習慣正是造成動物必須逃離山區的最初原因：

這也買那也買，什麼都想買。

因為便宜，所以越買越多。

吃不完，所以丟啊！

舊了，所以丟啊！

壞了，所以丟啊！

管它還能不能用，丟啊！

太麻煩了，所以丟啊！

賣不出去，所以丟啊！

這樣的生活方式，恰好是《全世界最窮的總統爺爺來演講》裡沉痛提醒的。各種鼓勵消費的活動，無分政府或民間，都被冠上刺激經濟發展的願景和美名，商品越來越多、折扣帶動消費，一波又一波的購物節，最終帶來的可能是自然生態的浩劫。

追求「進步」，真的能換來甜美的果實嗎？消費社會的前身是工業化的社會，不妨看看《鼴鼠鎮》對這個社會背景的寓言式的刻畫。作者托本．庫爾曼對機械充滿興趣，喜歡研究機械的元件，因此在他的作品中（另一本已有中文的是《飛行鼠歷險記》，滿天星出版），都充滿了工業元素，《鼴鼠鎮》的封面佈滿齒輪，在封面就給讀者一個暗示：轉動的齒輪一個帶動一個，為製造、生產、開發提供源源不絕的動力。這股動力，一旦開始就日以繼夜地運轉，不會輕易停下來。一旦啟動就不輕易停下的大齒輪，將會把我們帶向何處？

這本書只有第一頁和最後一頁各有一段文字，其餘頁面都是圖，每一張圖都令人讚嘆不已。但是讚嘆圖好美的同時，心中卻被圖片敘說的故事重重一擊。

青翠的草原下，住著一隻鼴鼠，他每天徒手在地底挖洞，只為了生活所需。隨著自外地移居而來的鼴鼠越來越多，地下世界也越來越熱鬧。外來的鼴鼠帶了了工具，最初是圓鍬，漸漸又開發更多機具，開發變得更有效率。地底下經過長年建設，發展成繁華的大城。但是最後一頁，視角再次回到地面上，原本宜居的青青草原，只見一小塊以警戒線圍起來的保留區內，殘留幾株開始枯黃、毫無生氣的草……

《鼴鼠鎮》其實也是人類世界的縮影，「開發＝進步＝提升生活品質」，在工業時代之後，這樣的想法已經變成理所當然，加上資本主義社會之後的「消費＝經濟成長＝提升生活水準」，我們越來越少反思開發、消費的需要或想要，也草率評估開發或消費背後所需付出的代價。**代價不只讓我們失去美麗的自然環境，可能還會讓我們失去家園。**

★失去家園值得嗎？

失去家園的代價其實離我們並不遠，在台灣原創的繪本中，《山豬伕如》創作者在這個故事中敲響的警鐘，就是來自這片土地的傷痕，是值得注意的作品。

《山豬伕如》是以排灣族藝術家伊誕・巴瓦瓦隆獨創的「紋砌刻畫」作品為圖，這位藝術家世居的屏東達瓦蘭部落，在二〇〇九年八月八日莫拉克颱風中受災，族人必須全數遷村、離開世居之地。在災後家園、心靈重建的漫長過程中，伊誕・巴瓦瓦隆在部落的文化圖紋、石板屋的建築元素裡，發現靈感，將家園的美、對人與自然關係的反思、災後重生的力量，全都表現在他的作品中。受訪時他說：「每逢颱風台灣就會受創……我們真的需要與生態大地好好建立和睦的關係，她才會陪伴我們好好呼吸，這概念一直是近年來我創作詩與畫的原意，藉著詩與畫追尋屬於自然大地與原始生態哲理的單純價值。」

伕如是一隻強壯英勇的山豬，為了保護家人，與獵人、獵犬搏鬥而喪命。多年後，下一代順利長大了，但是他們面對的威脅卻比獵人、獵犬更加難以抵抗。伕如的兒子（飛武）成年之後，想要回到兒時和爸爸媽媽共同生活過的棲地去看看，他期盼舊日的棲地已經安全無虞，讓自己的孩子可以回來認識這片祖父母奔馳過的大地。未料，新的危機更甚於過去：

他發現獵人少了，獵狗也不再如往昔般的精壯勇敢，可是隨之而來的卻是發出巨響的鋼鐵怪獸。

飛武看到山壁被輕易挖開，長長彎彎的道路正往棲地伸展進來……

被破壞的山林，在一場夏季的風暴，脆弱得不堪一擊，所有人類帶來的建設、像鋼鐵怪獸一樣的機具也都在一夕之間毀壞殆盡。山豬飛武原本寄望這場災難能讓人類對自然產生敬畏、帶著可怕的鋼鐵怪獸一起離開，但是他失望了。在災損過後，更多的鋼鐵怪獸進駐，道路被推得更長更遠，山林河川被破壞得更加嚴重，飛武只能帶著家人往更深的山裡走去。

勇敢的山豬不害怕獵人，卻害怕人們自信能夠人定勝天的開發活動，從這裡就能觀察到人們與自然之間的關係變化。《山豬伕如》的故事雖然較長篇，但這是從受傷的土地上、原生的文化中所長出來的故事。這本書的原畫是直接刻在木板上再上色，充滿土地的氣息和創作者的手感溫度。當原畫展出時，我也曾為展出單位做過數場說故事導覽，孩子都被畫中的生命力和獨特的原民圖紋深深吸引，也對人類的行為造成山豬家族的顛沛流離、自然環境被破壞的不可逆，發出不平之鳴。好的故事、好的繪本作品，真的可以在孩子心中種下一顆種籽。

多利用閱讀來播撒種籽吧！像芭芭拉．庫尼的《花婆婆》（三之三出版），或羅拉．卡爾琳在《承諾》（維京出版）裡繪製的那個女孩一樣，把種籽一把一把的散播出去。面對受傷的大地，**我們要復育的遠多於山林，不只要播撒字面意義上的種籽，更要播撒觀念意義上的種籽。**在選書時，除了可以選擇以上介紹的「警醒類」的故事，也可以多跟著孩子一起讀「感受自然的美好與重要」和「改變態度」的故事，打好觀念的地基。

★感受自然的美好

《樹真好》這本拿下一九七五年凱迪克金獎的經典繪本，文字很質樸，娓娓道出樹為人們生活帶來的種種好處，有些很實際、有些很詩意，不只讚詠一整片樹林，也好好凝視每一棵樹：

如果你只有一棵樹，那也很好。

有棵樹很好，因為樹上有很多樹葉，

一整個夏天，這些樹葉都會在微風中說著悄悄話……

《樹知道》有更美的詩意，詩意之中也有科普的知識，且對樹的凝視又提升到另一個層次：樹是有覺知能力的，「雖然它不像動物看得見、聽得見，也聞得到，不過，它知道的比動物還多。」雖然樹無法像動物行動自如，但是它們的枝葉能探觸天空、枝幹與大地同在、根部深入地底，同時存在於地球的三個空間之中。它們能敏銳感知環境的、生命的所有細微變化，因此能在看似不動之中，以包容的姿態，完成它們回應世界、對周遭生命的各種行動：

樹知道怎麼和動物一起生活。它提供小昆蟲、大動物食物和可以躲藏、休息的地方。有時候，這麼做可能會使自己受傷，但樹還是冒著危險擁抱牠們，就像媽媽擁抱小孩……。

樹知道怎麼靠自己的力量活下去；樹也知道，如何在不造成傷害的情況下，和其他生物一起生活。這就是樹的本能。人類和動物為了生存會傷害別的生物，但樹不一樣。

樹也不耽溺自身的美，它在不同季節展現的美妙姿態、綻放的花朵或結出的甜美果實，皆不是為了孤芳自賞，因為它看不到、聽不到也聞不到，只是知道環境需要它這麼做，或是知道周遭動物、昆蟲對它的依賴。樹只是知道這些，並一一回應。春天，枝葉上繁花盛開：

樹看不見自己的花有多麼美麗，也聞不到花的香味。

但是，樹知道蜜蜂和蝴蝶之類的昆蟲，很喜歡拜訪它身上的花……樹用珍藏在花朵裡的花蜜迎接客人……

秋天，葉片染上美麗的色彩後紛紛飄落：

踩在落葉上，你可以聽到美妙的聲音，樹卻聽不到。

不過，樹知道這些落葉會像毯子覆蓋地面，幫助樹跟度過寒冬。樹也知道，

落葉腐爛後會成為土壤的養分。

透過作者細膩的描寫、繪者寫意的描繪，我們對樹產生更多的愛戀和敬意。因為一棵沉默無語的樹所知道的，和它所做的，無不包容體貼，且每一個行動都密切的回應環境與周遭的生命，不多不少剛剛好，充滿自然的智慧。

★想想一棵樹的好處

《大木棉樹：亞馬遜雨林的故事》也是一本奇妙的好書。一個受命進到雨林中砍伐一棵大木棉樹的男人，因為樹根太粗壯、太堅硬，賣力揮動斧頭也只能砍出一個小小的缺口。他在雨林中濕熱的空氣和蟲鳴的催眠中，累得在樹下倒頭睡著。仰賴這棵大木棉樹生存的動物，紛紛到他的耳畔低語，請他不要砍倒這棵樹。有些動物動之以

情，因為這棵樹有牠們祖先的記憶；有些動物說之以理，告訴男人樹林消失的惡果。食蟻獸請他想想未來：「明天發生什麼，要看你今天做了什麼。那個高個子男人叫你砍下這顆美麗的樹時，根本沒想到，他會害他的小孩將來活在沒有樹的世界。」樹懶也補充：「美是無價的，你能活在不美的世界嗎？如果你破壞了與林的美，你的雙眼要欣賞什麼？」

在每一頁裡，動物的請求或勸告，若是由「人」開口，就難免顯得直白而說教，但是寫實的畫風、生機盎然的濃密叢林裡，動物們一一開口，一開口就先喚出男人的名字，彷彿牠們透過全知的大樹，認識每一個走進雨林的生命。寫實與魔幻之間，讓動物們請求或勸告的話語閃閃發光、充滿說服力。男人醒來之前，雨林中的原住民孩子最後在他耳邊輕聲說：「桑諾，醒來以後，請你用新的眼光看我們。」男人醒來之後，動物們圍繞在他身邊，「陽光穿透樹冠層，灑落在深綠色的林間，形成寶石般閃亮的光點……他聞到芬芳的花香，感覺到地面升起的霧氣，卻聽不見任何聲音，這些動物靜得出奇。」然後，他扔下斧頭，走出雨林。

亞馬遜雨林或許距離我們太遠，那麼，將眼光收回到我們身邊近處吧！國內創作者張又然、嚴淑女的《再見小樹林》，讓我們靜靜感受城市中一小片樹林，不僅是城市的綠肺，也是生活中可貴的美好所在，值得我們守護。佐野洋子的《大樹，你給我記住》，也在有趣的故事中，傳達了珍惜身邊樹木的想法。

一個倔強的老爺爺住在一間小屋裡，小屋旁有一棵漂亮的大蘋果樹，可是老爺爺對那棵樹嫌棄不已，甚至對讚美樹的郵差說：「對我而言，這是一棵沒用的樹。」說是「沒用的樹」，但其實老爺爺徹底的「用」了。他常在樹下喝茶、綁著吊床打盹、拉繩子晾衣服、還吃樹上的蘋果；確實是「樹盡其用」了，只是不太稱心。比如說，喝茶的時候鳥糞落到杯子裡；清晨被一樹的鳥吵醒；午後補眠睡得正香甜被毛毛蟲驚醒；樹蔭遮住陽光影響衣服晾乾的速度……。

每件事都惹老爺爺不開心，老對樹大吼：「你給我記住」，不滿的情緒日積月累，竟將樹給砍了。結果，少了鳥叫聲，他總是睡太晚；在屋外泡茶，沒有樹蔭只能撐傘遮陽；衣服沒處晾，想睡吊床無處綁。看來，如果你有幸在生活的鄰近處有一棵樹，甚或是一片小樹林，真的要多多想想樹的好處。

若在更深入看待人與自然的關係，自然中的某一片風景、某一座山林、某一段河灣或海岸，也可能超越自然本身，成為收納人們記憶的時光膠囊。自然除了直接影響我們的生存環境，更和我們的生命經驗密切相連。例如，《一起去看海》中的父子，不只是想看海邊的風光，他們想念海的原因，是過世的妻子／母親曾和他們一起在這片美麗的海邊留下珍貴且再也不能新增的回憶。

★感謝自然的給予

「改變態度」也是非常重要的種籽，首要該改變的，是我們對自然索求無度的態度。《山的禮物》是一本充滿秋天氣息的故事；秋天，是豐盛的季節，小田鼠進到山裡採集葡萄、香菇和栗子，回家途中在河邊喝水解渴，一隻大蠑螈張開大口從水面下竄出來。大蠑螈本來可以一口將小田鼠吞下肚，幸好他年紀大了，胃口不佳，才讓小田鼠逃過一劫。大蠑螈問小田鼠塞得鼓鼓的背包裡裝了些什麼，小田鼠回答：「那些是狐狸給的葡萄、兔子給的香菇和我撿的栗子。你想要的話，通通送給你。」

小田鼠這麼說，好像葡萄是狐狸的、香菇是兔子的，而他自己撿的栗子是無主之物，想拿就拿，隨興隨意。蠑螈聽了，立刻堅持要小田鼠回去向山「道謝」，他說：「那些食物都是屬於山的。山只有在它覺得適合的時候才會給人們食物，不是你想要就可以隨時獲得的。你要說謝謝之後才能回家！」大蠑螈一邊逼近小田鼠，一邊叮囑，像是告誡他如果不好好道謝，就要把他吃了一樣。這個故事透過這段僅僅三頁的情節，提醒我們多麼重要的事啊！**人總是理所當然的從自然裡拿走我們想要的東西，鮮少有人會將這些當作是獲得自然贈與的厚禮，而懷抱感激。**

一樣是向自然伸手拿取，《5隻小紅怪》用了近似神話或寓言的手法，故事非常簡單，卻餘韻深長。在廣大的平原上有五個石像，裡面分別住著一個小紅怪，他們每天都會走出石像，看著天寬地闊的大自然，讚嘆不已。某天，他們決定各自拿走一樣最愛的東西；他們分別拿走了太陽、月亮、天空、大地和海洋，帶回自己的石像裡收藏、欣賞。

然而，他們很快就發現事情不如他們想像的順利、美好，因為少了天空，太陽無處懸掛；少了大地，根本看不出天空在何方；失去大海供應的水，大地上的一切開始死亡；少了月亮的牽引，海水不再流動；少了太陽的光芒，月亮也黯淡無光。於是，他們一致決定，要再將他們所愛的收藏歸回原處，再像以往一樣，每天走出石像，欣賞天寬地闊、生機盎然的一切。

這五隻小紅怪像是人類，也不像是人類。相像的是，人類也常試圖從自然裡拿走我們喜歡的、占為己有；不同的是，即使我們沒有小紅怪神話故事般的神力，卻仍窮極所有辦法，發明工具、推展科技，**讓我們可以拿得更快、更多、更有效率**。另一個不同的則是，**我們拿了以後，往往不再歸還**。

在自然之中，我們拿得自然，如果繼續「順其自然」，那麼，人類文明無法邁向那「第四秒」，想必也是再自然不過的事了。

延伸閱讀

- 《北極熊搶救家園》，幼獅
- 《春神跳舞的森林》，格林文化
- 《森林是我家》，格林文化
- 《恐龍與垃圾》，漢聲
- 《更少得更多》，格林文化
- 《美麗的家園》，青林
- 《靜靜的群山》，格子外面
- 《你睡著了嗎？》，小魯文化
- 《森林和海的相遇》（絕版），親子天下
- 《叢林之王》，台灣東方

十一、繪本裡的歷史課

關鍵字 核災、戰爭、難民議題、政治迫害、轉型正義

故事有屬於故事的力量，但歷史上真實發生過的事件，或是由歷史事件濃縮、提煉而成的寓言式繪本故事，對年齡較大的讀者，有特別的說服力。在邁向健全的公民社會過程中，此類的繪本作品除了具有真實性的說服力之外，也因為「非官方」的身分（相對於教科書或官方文件），是很不錯的思辨與討論的媒介。

再者，有許多受到刻意忽略的「被隱藏的歷史」，之所以被掩蓋或輕描淡寫，並不表示它們不重要。相反的，其中必定有致使人類福祉或轉型正義無法真正實踐的原因。在這個段落中，會盡量介紹此類的作品，提供參考。在本段落的一開始，將延續前一段落有關環境議題的討論。

★核能與核災的議題

上個世紀以來，對地球環境衝擊最大，可以一夕之間造成重大生態浩劫的，無論用於能源或武器，核能絕對列在首位。車諾比核災（一九八六年四月二十六日）發生至今已超過三十年，至少還要歷時三百年，人類與相關的經濟活動才能返回這片幅員等同盧森堡大小的土地上，此時讀這本書的我們，沒有任何人可以目睹這一天的到來。

車諾比三十年，在人類有限的生命中的度量或許太遠，且物理空間的距離也足以讓我們渾然不覺。直至日本三一一地震後，福島核電廠對環境造成重創，才讓我們稍微提高警覺。以核災為背景和主題的繪本不只在日本，也在台灣出現了許多，不僅因為台日兩地向來交流密切，更因為雙方同處地震頻繁地帶。在《福島來的孩子》、《看不見的炸彈》、《總有一天，想回去我的故鄉》陸續於日本出版並引進台灣之後，台灣也開始有創作者投入這個重要議題，包括陶樂蒂的《我沒有哭》和黃郁欽的《好東西》。

其中，《好東西》諷刺政府、利益團體操縱輿論、意圖以洗腦式、左右人們判斷的荒謬宣導，也表現出普羅大眾容易信服權威，或在經濟發展需求的前提下輕易妥協。這本書將核能代稱為「好東西」：「大家要愛好東西，如果沒有它，我們就會失去光明，還會變得很窮、很可憐。大家都說它是好東西。說它很乖、很安全；放心、放心，就算遇上地震和火山爆發，也不會有問題。」然而，遠方也有個「好東西」發生大爆炸……

在人們開始產生質疑的時候，有人開始對群眾進行消毒式的宣導：「不用擔心，那是別人家的事。他們的是壞東西，我們的是好東西……如果還不相信，我們只要一直說：它是好東西、好東西、好東西……說了一萬遍，我們就會相信它是好東西。」

在此同時，圖像同步給讀者另一層面思考的暗示，原本被創作者畫得憨厚可靠的「好東西」，不僅從穩定的藍色變成橘紅色，表情也漸漸變得可怕，像是一頭無法控制的怪獸。渺小的人類要如何控制這樣的大怪獸呢？可嘆的是，**當人們只看見眼前的利益，就會有不可思議的自信或樂觀，這時的自信與樂觀，絕對不能算是好品格了。**

《我沒有哭》是以一個小女孩的角度，描寫核災之後的生活巨變，全書大部分的篇幅看似平靜、默默承受生活環境的變化，實則表現出災後人們巨大的抑鬱、悲憤至極的控訴與無奈。尤其是一個完全無法參與政策決定的孩子，卻要跟著受罪。這本書最初幾頁的幾句話，同樣分外平靜，但平靜之中，隱隱透露出災後恐怖的死寂，以及輻射災變後無法捉摸卻又無所不在的不安。

山是一樣的。

海也是一樣。

那一天，海邊的電廠發生了事故。

眼睛看得到的一切，什麼都沒有改變，也什麼都改變了……

更近期出版的《菠菜在哭》和《希望牧場》分別以核災之後衝擊食品安全、民生日常、生命的價值與尊嚴等完全不同的角度切入，提醒健忘的人們不要淡忘核能可能帶來的災難。其中，《希望牧場》是真實事件所改編，而《菠菜在哭》雖然是象徵意義上的故事，也同樣給人棒喝。故事裡不只菠菜在哭，各種本來能作為動植物的糧食也都在哭泣，它們失去了存在的意義，再也無法像過去一樣，成為人們可以安心食用的佳餚。這讓菠菜也像《我沒有哭》裡的小女孩那樣悲憤控訴：「有誰可以告訴我，我們做錯了什麼？」菠菜的眼淚看似微不足道，卻有重大的警醒意義。在菠菜、稻米、牛和比目魚的眼淚裡，請試著讓自己更貼近土地和萬物生靈，聽聽他們何以悲鳴，以便能在「好東西」洗腦式的宣傳中，保持獨立思考與判斷，在我們還來得及讓菠菜破涕為笑之前。

至於核電廠關閉之後，就完全沒有問題了嗎？核廢料棘手的存放問題，至今仍然無解。核能是一個一旦啟動就不可逆的威脅，近日位於台灣北端的核一廠除役與核廢料儲存的議題再起，家長或教師可利用這些繪本和孩子一起從多元的視角，認識、了解、反思核能議題。此外，核能和核武其實是一體兩面的存在，所以**省思核子發電的存廢，不只是能源運用的論辯，更是關乎和平以及文明、生命能否延續的重大問題。**

★核武的災難

如果以上繪本帶來的思考衝擊還不夠力，建議回頭讀雷蒙．布力格在一九八二年出版的《當風吹來的時候》。別因為本書年代久遠，或是以漫畫的形式表現就小看它，雷蒙·布力格看似輕鬆日常的布局，瑣碎格子裡的生活瑣事，穿插著幾頁截然不同的滿版跨頁——色調晦暗的巨型核武，或是核爆之後的強光，都讓讀者感受到強大的衝擊。這本書也徹底改變「當風吹來的時候」這句話的愜意感，請務必翻開本書，體會這陣絕對稱不上是愜意的「風」。

《當風吹來的時候》出版於「第二次冷戰期間」，在這個階段，美國與前蘇聯的軍事對峙、軍備競賽更加白熱化，兩方陣營動作頻頻，當選總統的雷根不但大筆增加軍事預算，還曾表示要將共產主義「丟進歷史的灰燼之中」。雷蒙·布力格是英國人，英國是美國對抗蘇聯的重要盟友，創作者在這個故事裡忠實反映出當時緊張的世界局勢，也反映出平民百姓在當權者的「精神喊話」中，仗著盟友強大而顯出過度樂觀的無知。故事中的老先生聽見廣播轉述首相關於「摩羅斯國」（暗指前蘇聯）將發動核武戰爭的發言後，一邊依照政府發送的災難應變手冊準備相關工作，一邊樂觀的預測戰事：

美國擁有中遠程彈道導彈，而且也在北極布署了潛水艇，所以擁有「核子戰略優勢」……美國空軍會打垮摩羅斯國，接著海軍陸戰隊跳傘著陸，號召歐洲民眾團結起來殺敵……摩羅斯國只好宣告投降。簽下停戰協定，戰爭就結束了！

摩羅斯國戰敗後，美國就會要求他們把境內所有核子武器通通銷毀，而且要他們立下保證同意和強國們共同裁減核子武器，不再讓世界所有人處於核子戰爭的陰影……

老先生說完之後，還滿意的說自己預測國際局勢向來準確。然而，若依照這本書的故事發展，核爆之後，這對老夫妻完全與外界斷了聯繫，他們也因為暴露在大量的輻射之中而命不久矣。無論哪一個陣營獲得最後的勝利，他們都看不到了。在核武戰爭的全面的毀滅力之下，相信被「丟進歷史灰燼中」的，絕對不只是戰敗的一方。姑且不論在這樣的戰事中，恐怕沒有勝者。

隨著科技武器的「進步」，戰爭的毀滅性已經超過人類可以控制與負荷，如《失控的進步》（野人文化出版）中所說：「從爆竹到大砲，從破城炸藥到強力砲彈。就在強力炸藥臻至完美之際，進步又讓我們發現了原子中的無窮潛力。一旦我們有能力炸掉整個世界，我們就進步過了頭。」

★戰爭與侵略

戰爭除了給物質世界帶來毀滅性的破壞，另一個慘痛的代價則是對人權的迫害、人性的摧殘。例如殖民侵略、種族屠殺，以及衍伸出來的相關問題，像是難民、創傷甚至國族認同。

澳洲創作者約翰．馬斯坦和 Shaun Tan（陳志勇）的《兔子》是反思殖民霸權侵害當地人權的著名之作，在這個故事中，袋鼠象徵澳洲當地的原住民族，而身穿筆挺軍服或禮服的白兔則象徵來自英國的殖民者。關於本書，在《用繪本跟孩子談重要的事》（幸佳慧著，如何出版）一書中有很詳細的評介，在此就不再贅述。

另外，《靴子的行進》是中、日、韓三國合作的「祈願和平」系列繪本之一，此系列作品不僅反思戰爭的殘酷，也回顧第二次世界大戰東亞共同的傷痕。《靴子的行進》是日本創作者和歌山靜子的作品，以日本人的立場反省軍國主義侵略鄰國的歷史，已經相當難得。且和歌山靜子出生於一九四〇年，並非與二戰沒有交集的戰後世代，能以繪本創作為孩子種下反思歷史錯誤與和平的種籽，更是不容易。

和歌山靜子的繪本作品，多數是針對〇～三歲的幼兒所創作，因此這本《靴子的行進》也淺顯易懂。故事以軍人的軍靴為主述者，圖畫也聚焦在踏步的軍靴上，是很特別的表現手法，將複雜的戰爭歷史簡單化，卻不簡化。簡單的文字也絲毫不會避重就輕，反而在簡單的文字中直指軍國主義的錯誤、戰爭的殘酷，與戰爭對發動戰爭者的反噬：

我們這些靴子去哪裡

喀喀喀，我們這些靴子去戰場

嘩嘩嘩，飄洋過海去鄰國，踐踏鄰國的人們

……喀喀喀，不知不覺中，我們這些靴子，開始被追入窮途末路

……終於我們變得破破爛爛了，曾經命令過我們的國家也破敗了

那些永遠也回不了家的靴子們啊

★荒謬的對峙

除了像《靴子的行進》此種從史實中提煉的故事之外，許多戰爭主題的繪本，雖然不是從史實而來，卻也反映出戰爭最真實的荒謬性，例如《敵人》、《福隆和妙賽德》，都是特別好的作品。

《敵人》是大衛．卡利和沙基．布勒奇黃金組合的作品之一，以一個死守戰壕小兵的「發現」，諷刺當權者為了發動戰爭而羅織的「正當性」。這個小兵受了國家的「教育」，認定在另一個戰壕中與他對峙的敵人是殺害婦女小孩、在別人水中下毒的野獸，絲毫沒有人性。他說：「這場戰爭都是他的錯！我並不笨，我什麼都知道，手冊上寫得清清楚楚。」小兵提及的「手冊」是戰爭爆發時，國家發給他們的紅色小書，內容載明敵人種種非人道的行為，以便「師出有名」。

但這個小兵卻在一次奇襲中，在對方的戰壕裡發現另一本和他幾乎一模一樣的「手冊」，只是手冊裡指控的是他自己的陣營。他大為震驚：「手冊裡的敵人，看起來好像是我！怎麼可能？我不是他們所說的那樣，我不是野獸，我沒有殺害婦女和小孩。這本手冊在說謊！發動戰爭的人不是我。只要敵人願意投降，我不會殺死動物，也不會燒毀房屋，更不會在水裡下毒……」

《敵人》的前後蝴蝶頁也非常精采。前蝴蝶頁是陣列排得整齊劃一的一群士兵，後蝴蝶頁看似相同，但其中兩個士兵不見了，留下兩個空位。或許是暗示故事中的這兩個小兵從戰爭的謊言中清醒過來、離開了。但實際上，戰爭發動後，多少人能脫身？那些留下的空位，可能都是失去生命的小兵。

《福隆和妙賽德》描繪了戰爭的另一種荒謬，原本是朋友的鄰人，可能因為戰爭成為敵人。小兔子福隆和妙賽德是青梅竹馬的好朋友，卻因為「戰爭」來了，他們兩家之間的小溪被人圍起了長長的鐵絲刺網，雙方已是敵對陣營、人民不可往來。福隆的爸爸被徵召從軍，許久後終於帶著一身疲憊回來。福隆心中被「怪獸化」的戰爭只是「結束」，並沒有「被殺死」，爸爸說：「戰爭是永遠不會死的，牠只是偶爾睡著而已。當牠睡著的時候，人們要非常非常小心，不要吵醒了牠。」福隆聽了很憂慮地說：「我和妙賽德玩的時候會發出很大的聲音嗎？」媽媽安慰他：「小孩子太小了，吵不醒戰爭的。」

★可怕的種族滅絕

孩子吵不醒戰爭，但是他們卻總是戰爭中最無助的受害者，即使是最泯滅人性的種族滅絕行動，孩子也身陷其中，難以倖免。近代最令舉世震驚的種族滅絕，當屬德國納粹在二戰時期對猶太人的屠殺。關於這段黑暗歷史，有不少繪本註記著，《大衛之星》、《鐵絲網上的小花》，甚至是以真實照片呈現當時猶太裔孩子生活與處境的《請不要忘記那些孩子》。

《大衛之星》源自一個真實的故事，在一列在運送猶太人前往集中營的火車上，一對絕望的父母為了讓襁褓中的小女兒有一線生機，冒險忍痛將孩子丟出行進中的車外。這個女嬰被好心人冒著生命危險帶回撫養，長大的女孩試著想像當時她的父母在列車上做出這個決定時的最後幾分鐘，幾乎可以想見他們是在無比擁擠的車廂中，奮力在人群裡走向窗邊，並使盡力氣撐開窗口的鐵絲網……

當她用一條溫暖的毯子把我緊緊包住時，她有沒有輕輕呼喚我的名字？

她有沒有不斷親我的臉頰，告訴我她愛我？

她有沒有哭？有沒有禱告？

《鐵絲網上的小花》則是從一個非猶太裔的德國女孩的角度，在戰爭「後方」的生活還算愜意：「我常常在河邊散步，只是為了看看這條河……我喜歡和水的顏色，看起來像是天空一樣。」女孩某次要前往河邊之前，她看見軍隊的卡車停在門口修理引擎，她興味盎然地看著，發現一個年紀與她相彷的男孩跳下車，隨即被抓回車上，而車廂裡還有更多孩子。那些孩子犯了什麼錯？要被送往甚麼地方？她目睹自己無法解釋的一切，快步跟著那輛軍用卡車，直到她沒有辦法再前進時，她發現：

有一道通了電的鐵絲網擋住了我。鐵絲網後面有些孩子靜靜的站著。我不認識他們。最小的一個孩子說他們都很餓。我手上有一個麵包，就小心穿過鐵絲網交給他們。他們全都站在一排長長的木屋前面。太陽已經下山，風很大，我覺得很冷……

之後女孩常常把食物塞進書包裡，偷偷帶去集中營的鐵絲網邊。德軍戰敗了，俄軍進城了，女孩仍帶著食物去那道鐵絲網邊，鐵絲網已經被拆除棄置，營區裡的猶太人究竟是生是死，女孩不知道。她在霧中，摘起一朵小花，放在鐵絲網上。然而，濃霧中，有士兵悄悄逼近，他們以為那裡站著一個不明的敵軍。一聲槍聲從霧裡傳出，女孩的母親再也等不到她回家。雖然這個故事有個悲傷的結局，但作者處理得冷靜，悲傷中透露出一絲人性的光明與希望。**光明與希望，不一定要有 happy ending，殘酷的戰爭中，能有多少真正的 happy ending 呢？**

二戰中猶太人的重大傷痕，約有六百萬猶太人喪生，最重要的註記文件之一，可說是安妮（Anne Frank, 1929-1945）的日記，《安妮的日記》也被稱為是《聖經》之外，世界上最多人共同讀過的書。不少創作者也以繪本創作，讓安妮繼續活在新世代孩子的心中，直至今年（二〇一六年）仍有這個題材的繪本印行出版，像是 The Tree in the Courtyard（暫譯為《院子裡的樹》）。

安妮和家人、友人於一九四二年夏天，躲藏在阿姆斯特丹運河旁一間老辦公室的密室裡，她們不能離開這棟屋子，只能靠朋友不定期送來物資維生。安妮只能和日記「說話」，或是偷偷從窗簾縫隙看著窗外，窗邊那棵會隨著季節變化的栗子樹，更在安妮的日記中被提及數次，可見那棵樹也是安妮與外面世界的一種聯繫和寄託。她在一九四四年二月二十三日的日記中寫道：

我們兩人望著藍天，光禿禿的栗子樹閃著晶瑩的露水，海鷗與其他小鳥從半空中俯衝而下，銀色羽毛閃閃發光。我們感動得忘了自己，說不出話來……對於驚慌、寂寞或不幸的人，最好的解藥就是到戶外去，到一個能獨處的地方去，與天空、自然、上帝單獨為伍……（文字參考皇冠出版社《安妮日記》中譯版）。

從這段日記的記述就能看出，透過這棵樹，安妮稍微獲得「驚慌、寂寞、不幸的解藥」，得到撫慰。《院子裡的樹》和更早出版的《大樹也哭了》兩書的作者，不約而同注意到這一點，都從這棵樹的視角來看安妮，以及那個殘酷的年代。

這棵栗子樹在二〇〇七年時，一度因感染黴菌面臨被砍除的命運，雖然在人們的堅持下保留下來，仍於二〇一〇年夏天在大風中被吹倒。這棵曾經看著安妮振筆寫日記的樹雖然不在了，但它的種子已送往世界各地栽種，見證安妮最後「自由」的樹，繼續在世界各地保存這段歷史記憶。

《大樹也哭了》的樹知道世界發生了什麼可怕的事，也知道猶太人的遭遇，法文原著出版於二〇〇九年，也就是樹倒下的前一年。作者筆下的樹在病入膏肓之前，急著告訴世人這段記憶。大樹也知道安妮在日記上怎麼寫它，作者也將那些片段穿插在大樹對讀者娓娓道來的話語中，同時藉著大樹之眼，在安妮的文字中揣測她渴望自由的心境：「這一年的五月，她目睹了我有生以來花開得最美的時刻……看到我又開花了……我一身的花朵和綠葉，我爆滿枝頭的嫩芽，為她帶來信心，她不再懷疑自己身邊的花兒謝了還會不會再開。」

二〇一六年剛出版的《院子裡的樹》中的樹，相對於《大樹也哭了》賦予同一棵樹近似「全知」的能力，是一棵所知有限的樹。例如，作者只讓樹說「戰爭」開始了，卻不說出哪一場戰爭（當然大家都知道是第二次世界大戰），也讓樹看似不知道那些武裝的士兵是德軍，文字只寫著「爆炸震動大地、砲彈劃破黑夜、陌生人入侵這座城市」。這種無法知道事發原因，只能看見女孩無法離開那棟建築、最後被強行押走再也回不來，更顯得令人鼻酸、心痛。**戰爭不就是這樣嗎？我們難以了解背後真正的原因，卻只能承擔後果。**繪者 Peter McCarty 曾拿下凱迪克銀牌獎，他在本書中的畫都呈現棕灰色，透著微光，宛如老相片，甚至有幾頁圖像是家族的合影，讓這本雖然不像《請不要忘記那些孩子》是直接以相片為圖的繪本，但也頗具紀實感。

★難民的委屈

每當戰事的烽火四起時，難民的問題也隨之而來，非自願的大規模人口移動，往往起於一場悲劇，也終於另一場悲劇。近年最受世界關注的是敘利亞內戰、伊斯蘭國威脅引發的大量難民潮，但也要一直到了二〇一五年，一個三歲小男孩與家人準備渡海前往希臘時發生船難，溺斃後俯臥在土耳其海岸上的照片，才真正引起全球關切。在台灣也有創作者以此為題出版《親吻沙灘的小孩》一書，雖然教學性高於故事性，但能透過繪本的形式，對重大議題表示人道的關懷，已屬難得。

有關難民的處境，《喵喵鳥》的角色與情節的設計，皆能凸顯難民在身分認同、融入新環境的艱苦。這本書不刻意講述某一事件，正好也讓讀者可以思考更廣大的、不限一人一地的難民議題。喵喵鳥，是一隻貓頭、鳥身的獨特生物，既不是貓也不是鳥，但又同時是兩者的混種。這個獨特的角色，直接呼應了難民被迫遷居異鄉後的歧異身分。此外，作者也為喵喵鳥設計了無法翻譯的「語言」，讓他與該地的居民無法溝通，要融入新環境愈加困難。森林裡的動物們希望能說服他「從哪裡來，就回哪裡去」，即使他試著以圖畫溝通，眾人仍「假裝無法理解」，這個段落也諷刺了難民的實際處境：

他的畫一目了然，但是大家全都假裝看不懂。

只有一隻還不識字的小烏鴉，說出了喵喵鳥畫的一切：

「他說他的國家有戰爭，家人都死了，如果回去的話，他也活不了！」

年紀最大的烏鴉要小烏鴉把嘴巴閉上。

最後，喵喵鳥雖然「獲准」留下，但卻不得不開始承接超過他所能負荷的各種粗活，諸如清理鳥窩的糞便、一次孵十二顆蛋、幫助老貓進食等等。完成這些粗重的工作之後，卻只能得到連微薄都稱不上的報酬：半條蚯蚓、又臭又噁心的老鼠尾巴。這雖然是故事，但難道不是難民難堪又難以承受的真實處境嗎？

這個故事也不僅呈現難民的外在處境，故事後半段，峰迴路轉的情節，也帶出難民的心理調適、人際關係、生命意志等面向。作者以一個虛構的角色、具有象徵意義的情節完成一個故事，看起來沒有指涉任何一個難民的個人故事，卻好像說了每一個人的故事和境遇。在本書的最後，作者又以自創的「喵喵鳥語」留下一個無法翻譯的、開放式的問題，給讀者許多想像和思考的空間，無論是單純「享用」一則故事，或是利用在主題式的教學上，都是不錯的選擇。

★迫害與反抗

人類歷史上的黑暗片段，無論是戰爭、殖民、侵略、種族滅絕、政治迫害等，究其原因，多半與當權者的獨裁、廣大人民的沉默有關。Azizi and the Little Blue Bird（暫譯為《青鳥與茉莉花》）和《喵喵鳥》一樣充滿隱喻與象徵，但是這個故事其實是直指為自由奮起的一段史實，以及不沉默的人民反抗獨裁政權的公民行動。

若不仔細推敲，《青鳥與茉莉花》就是一個「正常」的故事，且年輕的繪者Mattias De Leeuw的畫風隨筆的率性中有細節，還被稱作「小昆丁布雷克」，繪圖的部分真的非常美。但別太小看這本作品，《青鳥與茉莉花》圖文背景合奏起來，很有《一千零一夜》氣味，卻布置了許多時代的符號。在這個故事底下，其實是二〇一〇年底始於突尼西亞的「茉莉花革命」以及隨之在阿拉伯世界遍地開花的「阿拉伯之春」，等於世界另一隅對抗獨裁政權的當代史。

本書的作者Laïla Koubaa，母親是比利時人、父親是突尼西亞人，因此突尼西亞的「茉莉花革命」發生後，作者血液中的茉莉花（突尼西亞國花）便促使她寫下這個充滿隱喻的故事，將這段歷史記錄下來。故事中安排的「青鳥」，其實就是「推特」（twitter）的識別符號，也是當時抗爭者用來彼此聯繫、組織行動力量的社群網站。

當然，即使不知「茉莉花革命」或「阿拉伯之春」，也沒有使用推特，這本繪本還是可以給孩子很好的故事體驗，像是聽《一千零一夜》中的故事那樣，有異國的風情、有冒險的歷練、有美好的結局。而相信自己的力量、為自由起身、對抗不義的獨裁者，這樣的小小種籽，也隨著故事散播出去了。

★轉型正義的種籽

屬於我們的黑暗歷史或被掩蓋的歷史有哪些呢？撰寫本書時，正期待我們自己的土地，也能「長出」像《喵喵鳥》、《青鳥與茉莉花》這樣充滿隱喻，從深深的意識中喚起覺醒、且埋下轉型正義種籽的好故事，《阿嬤的碗公》就出版了。

在這個故事裡，可以讀到家庭日常的溫暖、大時代青年的理想和對故鄉的熱愛，也能看到這片土地的歷史傷痕。這個傷痕來自國族認同的困難，也造成國族認同的困難。《阿嬤的碗公》並沒有直接把「二二八」這個台灣人都無法忘記的數字寫出來，只在敘事和圖畫中安排了許多暗示；之所以不說，並不是不能說。猶記得我小時候，父親不時對我們提起這個神祕的數字，要我們不要忘記；但又千叮萬囑，不可在外說出這個數字，否則會被「便衣」抓走。幸運的我們，因為先人的努力，可以談論、可以探究、可以銘記這些被掩蓋的歷史，可以安心的捧著大碗公吃一頓飯……。

在《阿嬤的碗公》，讀者可以看見繪者黃祈嘉挪用陳澄波的名畫，例如第四個跨頁：「阿叔也愛畫美麗的圖畫，最愛畫街頭巷尾的風景跟阿嬤的背影。阿叔說他好喜歡我們嘉義小鎮，啊，我也好喜歡！」在這一頁，就能看見陳澄波的「中央噴水池」，原畫中噴水池旁的大樹、高塔、撐傘的女子、牽手的母子三人、拉車的「做事人」都在畫面上重現。

生活如此靜好，每天都在阿嬤大碗公的餐食美味，以及家人的陪伴中度過，但是靜好的日子很快就有了變化，因為通貨膨脹，糖和鹽貴得嚇人，「碗公裡的甜湯不再那麼甜，菜跟湯也不夠鹹」。在阿叔被人帶走的那一天，阿嬤聽到消息，碗公掉到地上，飯菜灑了一地、碗公破了一角，「從那天開始，每個人吃飯沒有我吃的多」，書中的月曆也停留在「那一天」——一九四七年的三月二日，這是二二八事件爆發後，嘉義市警民衝突的那一天，陳澄波等人出面調停也遭逮捕、被逼供承認煽動暴動。不到一個月，他們被國民黨軍押至火車站前當眾槍決，遊街的途中，也經過他筆下的「中央噴水池」。

《阿嬤的碗公》的作者吳在媖不在文字中詳述這些，也不寫出那串帶著傷痕的數字。但她透過平靜的文字和繪者的圖像娓娓道來些許，讓讀者自己發現、自己再去挖掘和搜索更多、自己將歷史拼圖上遺失或被隱藏的一塊補上，是我非常欣賞的故事手法。《阿嬤的碗公》以「大碗公」這個象徵圓滿、家庭溫暖的物件，串起一篇註記台灣現代史上最深的傷痕的故事。故事中那個缺了一角的大碗公，永遠都在我們心中。至於故事中的「阿叔」是不是陳澄波，或許是也或許不是，已不是最重要的問題了。

在那個時代，有好多好多的陳澄波，我們要思考的，是未來不要再有更多犧牲在政治迫害下的陳澄波，只要有熱愛鄉土之美的陳澄波。《阿嬤的碗公》是每個家庭、每一間教室、每一個圖書館的書架上都應該要有的一本書。

黑暗的歷史雖然讓人回顧時揪心，被掩蓋的歷史雖然不易揭露，但不能因為傷痛，或因為難以揭露就選擇遺忘。米蘭．昆德拉說：「人類對抗權力的鬥爭，就是記憶與遺忘的鬥爭。」若我們選擇相對輕鬆的遺忘，權力的巨獸就會被不當操控而釀成災禍。任何一個社會，都必須總結過去的經驗和創傷，才有機會真正走出黑暗的歷史、走向更光明的未來。

未來，不是憑空而來，是前人開了路，後人才得以繼續走下去。願我們不忘記從前，跟著前人的踏過的路，邁向歷史的新的一頁。在歷史記憶與故事中，成為更好的人，更好的人成就更美好的世界。

敬過去！敬未來！

延伸閱讀

◆《空中的飛船》，維京
◆《星期三書店》，聯經
◆《綿羊王路易一世》，道聲
◆《希望小提琴》，小天下
◆《一塊一塊來》，格林文化
◆《不能靠近的天堂》，聯經
◆《不要叫我秀子了》，玉山社
◆《我吃拉麵的時候……》，遠流
◆《牆的另一邊》，遠流
◆《馬拉拉／伊克巴勒》，愛米粒

PART 3

讓繪本成為課程改革的夥伴

在台灣，十二年國民基本教育的新課程綱要——也就是口語慣稱的108課綱，已開始實施，最重要的變革，是由過去的「能力」導向，轉化為「素養」導向。核心素養共有三個面向：第一是自主行動（身心素質與自我精進、系統思考與解決問題、規劃執行與創新應變），第二是溝通互動（符號運用與溝通表達、科技資訊與媒體素養、藝術涵養與美感素養），第三是社會參與（道德實踐與公民意識、人際關係與團隊合作、多元文化與國際理解）。

另外，為了讓孩子可以與劇烈變動的社會、世界持續接軌，108課綱中也訂出十九項議題，促使教師將議題融入各領域的教學。十九項議題分別是：性別平等教育、人權教育、環境教育、海洋教育、科技教育、能源教育、家庭教育、原住民族教育、品德教育、生命教育、法治教育、資訊教育、安全教育、防災教育、生涯規劃教育、多元文化教育、閱讀素養教育、戶外教育、國際教育，這些議題反映出重要的普世價值——尊重、關懷、正義、永續，期盼透過議題融入的課程設計，深化、擴充原有領域的學習，提升學生的核心素養，培育出具有批判思考與終身學習能力的公民。

從改革之前到新課綱啟動初期，必定會產生相當程度的變動與不確定性，為家長與教師帶來焦慮，但時代變異劇烈，課程必須跟上，尤其二十一世紀後，世界進入「大加速時代」（Great Acceleration），不進則退，而且是急速倒退。108課綱中的議題，可讓學子貼近時代的脈動，不僅要學習，更要學習如何學、學習如何應用所學，成為真正的終身學習者。我們不妨將課程改革帶來的焦慮視為某種「生長痛」，痛過之後，我們的下一代，有機會蛻變成更能適應新時代的公民，甚至不僅能在變動中站穩腳步，還可以在時代潮流中，因應變異、開創新局。

繪本堪稱是微型文學與藝術的綜合體（說教意圖明顯的繪本除外），且具有當代文學與藝術的特性，創作者除了流露自身的情感、呈現生活的脈絡、思考存在的意義，並相當程度的反思、回應社會的現實與變遷。當教師著手將議題融入課程與教學時，不妨善加運用可親的繪本作品。當然，家長也可在親子共讀時，有意識的選書，多關注與議題相關的繪本，在家庭教育中，也為新課綱重視的「自主行動」、「溝通互動」、「社會參與」奠定一點基礎。

《繪本教養地圖》出版三年後，正逢108課綱實施，增訂新版除了加入更多在教育意義上，有潛移默化可能性，且又不失娛樂性與文學藝術之美的繪本，也會在原本十一大主題的選書基礎上，推薦近三年新出版的好作品或之前未曾選入的作品，提供教師與家長參考、運用。

議題1：性別平等教育

此議題的學習目標有：理解性別的多樣性、覺察性別權力關係、建立性別平等的價值信念、付諸行動消除性別偏見與歧視等等，與本書第二大主題〈各種男孩和各種女孩〉幾乎可以完全連結，除了以下推薦書目之外，請務必回頭參照該篇的論述與繪本選介。

有關性別氣質和多元性別差異，《胡利安是隻美人魚》故事情節極富包容與理解，圖畫風格獨具，同時也是獲得國際大獎的好作品；《蝸牛小ㄕㄢ是男生或女生》屬於文字量較多的作品，但有完整的情境描繪，適合與大一點的孩子討論，也巧妙的以蝸牛的生物特性，觸及繪本少見的生理性別主題。

另外，與108課綱上路同年，台灣通過《司法院釋字第七四八號解釋施行法》，隨後即公布施行，同性傾向族群婚姻之權利也獲得保障，雖然社會不同族群、團體，仍需持續對話溝通，但已是時勢所趨。對此，有幾本繪本以不同的敘事角度、角色，說了很好的故事，包括《爸爸的室友》、《她有兩個爸爸》、《為什麼你有兩個媽媽？》、《為什麼你有兩個爸爸？》、《國王與國王》、《國王與國王與他們的家》以及《蚯蚓愛蚯蚓》等書。

其中，《蚯蚓愛蚯蚓》和《蝸牛小ㄕㄢ是男生或女生》都是將生物特性比擬人類世界，不僅有知識背景、有趣味性，也降低了部分成人對此議題的敏感度。這一點，之前於〈各種男孩和各種女孩〉文末延伸閱讀書單中列出的《一家三口》也有雷同之處，且書中共同撫育小企鵝的一對公企鵝，更是真實的故事，非常值得讀者關注。

至於性別刻板印象、性別角色偏見，《波卡和米娜：踢足球》、《凱文公主》和《我是女生》則從兒童的生活經驗出發，以兒童的角度發聲，應能得到孩子的共鳴。《海上的潘妮》是極有詩意和後韻的作品，即使是國中、高中職階段的青少年讀者，也不會因為覺得幼稚而抗拒。而童話新說的《小紅帽》、《長髮公主》、《不一樣的仙杜瑞拉》，突破女性長久以來在性別角色上的限制，也打破不平等的性別權力關係，更重要的是，每一個故事都饒富趣味。

關於性別與公共參與、性別與權力，以下傳記型繪本，都能看見女性在職業表現上，可以有更多的可能性（可惜此類傳記繪本，男性幾乎闕如）：《敲打夢想的女孩》、《數星星的女孩》、《世界不是方盒子：普立茲建築獎得主札哈·哈蒂的故事》、

《黑猩猩的好朋友：珍．古德》、《水公主：喬琪．巴迪爾的真實故事》、《馬拉拉的魔法鉛筆》、《超越自我的時尚女王：可可．香奈兒》。

最後，之前在〈各種男孩和各種女孩〉文中，沒有特別著墨於「尊重並維護身體自主權」，在此也補充一些可以運用的繪本：《家族相簿》、《蝴蝶朵朵》、《必須說出的祕密！》、《請不要摸我的身體》、《喜歡妳，為什麼不能抱抱妳》、《不要就是不要》、《你可以說不》、《你不可以隨便摸我》。

議題2：人權教育

此議題的學習目標除了理解人權存在的事實、基本概念與價值，更要養成對人權的價值信念、尊重人權的行為，並且參與實踐人權的行動。首先，推薦以《世界人權宣言》為基礎，改寫而成的《人人生而自由》和《人，你有權利》，兩本書都是由不同的插畫家共同繪製而成，意義非凡。

相似的作品，還有《Dreams of Freedom》，此書也邀集多位知名插畫家，為每一頁摘選出的名言配圖，名言出自安妮．法蘭克、南非前總統曼德拉等人，雖然還沒有中文版，但也可在英語課程中運用。另外，《我是小孩，我有權利》則是從《聯合國兒童權利公約》的精神發展而來；《天下的孩子都是一樣的》同樣是以該公約為基礎，更深入陳述不同層面的兒童人權。此外，《謊言的故事》和之前在延伸書單推薦過的《我吃拉麵的時候》、《空中的飛船》等書，也都適合用來和孩子談兒童人權。

在本書稍早的〈繪本裡的歷史課〉主題中，也介紹過不少相關的繪本，例如《喵喵鳥》、《大樹也哭了》和《阿嬤的碗公》等書。《喵喵鳥》以動物寓言側寫難民人權；難民或移工都是為了生存，不得不離開自己家園的流離之人。《旅程》、《四隻腳，兩隻鞋》、《天空之王》、《戰爭來的那一天》、《再見，我美麗的鳥兒》同樣是有關難民的繪本，故事細膩、深刻，不渲染情緒但令人深省。《候鳥：季節性移工家庭的故事》和《艾瑪．媽媽》是移工的故事，後者更是台灣創作者的作品。《為什麼會有難民與移民》則直面此議題，不採故事的敘事，而是以詳細的文字為孩子說明白。

《大樹也哭了》是透過樹的角度旁觀，寫出安妮．法蘭克與當時受迫害的猶太民族的遭遇，更詳細的故事可再讀《安妮．法蘭克：密室裡的女孩》；《布魯卡的日記》

和《好心的國王》兩書以不同的方式，側寫波蘭兒童人權之父柯札克與孩子們的故事，這些故事的時空背景都同樣發生在納粹德國對人權迫害時，雖令人惋惜，但也更顯人性之光，令人動容。關於專制政權對人權的壓迫，《班雅明先生的神祕行李箱》、《不肯沉默的公雞》、《說好不要哭》、《愛唱歌的小熊》、《暗夜的螃蟹》都屬於此類，後三本的故事背景均是台灣，閱讀時，更令我們能切身感到民主自由的可貴。

對於人權的侵害，除了政治因素，許多都起因於種族歧視，《有色人種》、《舞吧！自由之舞》、《為什麼會有種族歧視與偏見》，是從哲學思考、歷史和資訊呈現等不同面向切入，一起讀，可讓此主題更加立體化。

若需要更詳盡的繪本作為延伸閱讀，《學校沒有教的公民課》所涵蓋的面向和知識量皆相當可觀，亦可作為教師自我增能的參考書目。更進一步，還可參考《這就是獨裁》、《關於社會階級》與《什麼是民主》三本書。

議題3：環境教育

對於環境議題的理念與內涵，應無須再贅述。在此書稍早的〈透過動物的眼睛〉和〈環境的議題，生存的課題〉兩篇中，可以找到對應此主題的書目與賞讀，如《樹上有老虎》、《小心有鱷魚》、《喂！下車》、《北極熊的一天》（當時繁體中文版尚未出版，暫譯為《北極熊的真實報告》）等書，均談及人類開發活動破壞環境、造成地球暖化，對動物棲地的影響。相似的新書還有《小狐狸回家》、《聰明豬的指南書》、《你好，保羅》、《三隻熊》和《一隻叫做葉子的北極熊》，說故事的角度都很特別，不訴諸悲情，但足以喚起人們的反思。

《森林》、《野溪怎麼了》、《會生氣的山》、《整潔》、《風獅吼》都專注在人類過度開發的問題，其中，《整潔》的故事十分幽默，可作為嚴肅議題的調劑，《風獅吼》巧妙結合民俗地景與環境議題，相當有意思；《青蛙和河狸》的主角雖然不是人類，但亦可當作寓言來讀，在情節有趣的故事當中，省思「建設」不全然是正面，也應考量到其他人的生存需求。

另外，《嘰哩咕嚕碰》和《煙囪的故事》回應了存在已久、但近幾年才特別受關注的空汙問題。《塑膠島》、《地球為什麼哭了呢？》和《一座小島》聚焦於垃圾的問題，前兩書可擴及海洋廢棄物的討論，《一座小島》甚至可將故事中未具體說出的「多餘的東西」延伸思考，探討核廢料處置的議題。《台北奇幻飛行》則是將各種環境變異的「進行式」，具體在畫中綜合呈現出來，雖是書中女孩的想像，但也不啻為一記警鐘。至於要做什麼才能為環境改善盡一分力，《上山種下一棵樹》點出大環境息息相關的觀點，十分特別且宏觀。

《學校裡的愛心樹》、《挖土機與小花》雖不是宏觀的談論環境議題，但故事中對於自然中極小的單位（一株小樹苗與一朵小花）流露出的關切之情，也是我們期待播在孩子心中的小小種子。《爸爸的祕密基地》將企業對螢火蟲復育的工作融入故事中，而《橙瓢蟲找新家》以田間昆蟲的視角，看農業如何友善環境。這兩本書的靈感來源，都不是憑空杜撰，而是真有其事，正好可呼應108課綱特別強調的目標——運用知識、化為行動、解決問題。

日本知名奇幻小說家夢枕獏所寫的《小樹苗大世界》，以奇幻的手法描繪出一棵巨大的世界之樹，象徵萬事萬物彼此連結、共存，在想像之中，有歷史的壯闊和神話的啟示。《福斯多的命運》是一則探究人與自然關係的寓言，不過，這個必須嚴肅看待的議題，在書中並不嚴肅，作者的繪圖和文字都極為簡練，但涵義甚深，讀來餘韻深長。

近代有關人與自然關係的論述，最著名的當數西雅圖酋長的一番話，如今也有繪本《西雅圖酋長的宣言》。歷史上的這段著名演說，在一百多年後仍擲地有聲，繪本中有圖畫重現，讀者更可以如臨現場，諦聽、諦聽。

議題4：海洋教育

我們生活在海島上，對海洋卻不太熟悉，海洋並非包圍我們的一堵牆，而是一片迎向世界的大門。海洋教育作為108課綱的重要議題之一，學習目標除了養成孩子親海的態度，也要在海洋文化、資源永續發展等面向著力。在此書稍早的〈透過動物的眼睛〉和〈環境的議題，生存的課題〉兩篇中，可以找到一些對應此議題的書目，在前項環境教育議題中，《福斯多的命運》也可與此一議題進行綜合思考。

認識海洋，一般會從知識面切入，《海洋大書BLUE》、《通往海底的奇妙旅程》、

《最美的海洋：需要我們一起來保護》都是知識含量充沛、分類清楚，且圖畫極美的科普繪本；《潛進深海》、《大海的習題》、《大家都沒骨頭》不僅有知識性，文字也幽默且平易近人，兼顧知海的素養與親海的情意。《藍鯨》、《鯨鯊》與《世界上最孤獨的鯨魚》都在科普與故事之間取得巧妙的平衡，讓讀者宛如置身深海，認識這些體型龐大但優雅的巨獸。另外，《亞哈與白鯨》的靈感來自赫曼．梅爾維爾的經典海洋文學《白鯨記》，可加強閱讀的縱深。

《秀姑巒溪河口漂流記》是取材史料的作品，保存了台灣海洋歷史的一角，讀者也能在故事中感受到海洋是與世界連結的大門。與海洋社會及文化有關的作品，還可參考《小維京人》和《巴夭人的孩子》，後者是真實的海洋民族的生活，且以攝影替代圖畫，在繪本中並不多見。

《海豚不見了》和《小鯨魚找媽媽》也是少見的攝影繪本，而且結合生態紀實與故事元素，也反映出海洋生物的生存挑戰；環境變異帶給海洋生物的衝擊，還可讀《一顆海龜蛋的神奇旅程》、《黑鮪魚的旅行》、《小珊瑚寶寶》、《鯨魚的眼神》等書。《明天會是好天氣》則更進一步觸及地球暖化、海平面升高可能帶來的浩劫，看似是北極熊遇難，讀至最後，讀者才會頓悟這其實是一本給人類的警世之書。

海洋汙染、海水上升、海洋資源銳減，都是人類必須面對且負起責任的問題，《塑膠島》、《積木之家》、《捕捉大海的男孩》、《旗魚王》都是足以喚起讀者思考這些問題的作品。《旗魚王》同時也是側寫漁人海上生活和漁業技術的故事，可與《海之生》、《爸爸的摩斯密碼》、《捉鎖管》一起閱讀。另外，海港日常或是親海的生活，可參考《燈塔的一天》、《今天的魚》、《我的阿公愛買魚》，以及詩繪本《海少年》等書。

真實人物知海、親海、愛海的故事，有《守護海洋的人魚：雅克．庫斯托》和《爸爸是海洋魚類生態學家》，至於《喬納斯與海》雖是杜撰的想像故事，但主角對海的嚮往與熱愛，同樣好看。最後，對於幼兒或低年級的孩子，若欲引發他們對大海的好奇心，《海的另一頭》、《大海的盡頭在哪裡》、《海底深潛大冒險》與無字繪本《藍海驚奇》，都是很不錯的選擇。

議題5：科技教育

此一議題所重視的，除了對科技知識的認識，也特別強調動手實作，以及創意思考、團隊合作等統合能力，並且關注科技與個人、社會和環境的關係。提到實驗與發明的精神，我們在受教育的過程中，最常聽師長以愛迪生為例，聽久了不禁痲木，《我做得到！小工程師蘿西》的故事很實際也頗勵志，並鼓勵實驗的精神與動手實作的態度，甚至可以與「性別平等教育」議題互為思考；《我做得到！小科學家艾達》是同系列作品，可一起閱讀。

另外，《一起動手做箱子車》和《喬治不能說的祕密》雖無關高科技的發明，但動手實作、設計思考、合作解決問題等情節，皆展現出科技教育議題的基本精神。《拉拉上學又遲到啦》和《胡斯的修車廠》故事簡單好看，娛樂性十足，主角為了解決自身問題或他人的需求，都發揮充分的創造力。

在可見的未來，航太科技會持續成為各國國力競逐的焦點，AI人工智慧的發展，也將改善生活、改變社會。前者相關的繪本有：《宇宙掉了一顆牙》、《星空下的願望》、《我是外星人》、《小月亮》、《小兔子的月球之旅》、《好想去月球》、《阿姆斯壯：小老鼠登月大探險》、《變身吧！太空人》、《太空的故事》、《原來太空是這樣子啊》、《火箭發射場的一天》等書，有故事情節為主、也有知識含量較高的科普繪本，家長或教師可依照孩子的興趣和閱讀成熟度選擇。後者有關AI人工智慧的繪本還很有限，多半是故事而非知識類作品，推薦的作品有：《男孩＋機器人》、《機器人與青鳥》、《做一個機器人，假裝是我》與《超狗一號的中秋任務》。綜合多項科技知識的《科技的奧祕：從螺絲釘到機器人的原理大透視》，整理出大量的科技原理，讀起來不艱澀，還能不時被作者幽默的筆觸給逗樂。

由於人工智慧科技相關的繁體中文繪本實在太少，補充兩本英文繪本：《Raybot》與《Little Bot and Sparrow》，兩書中的機器人都發展出情感需求，前者很有童心，後者十分溫馨，且機器人是否會與人或動物發展出情誼、是否也會做夢？這些看似想像的情節，還可延伸往科學哲學的方向思考（前段列出的《機器人與青鳥》亦是），這也是108課綱科技教育議題列出的學習目標之一。

最後，《海底來的祕密》讓讀者對科技發展的可能性，有無窮的想像，故事中的海底世界，或許可與亞特蘭提斯傳說的啟示相呼應，許多事成也科技、敗也科技，《祕密計畫》也是探討此議題不應忽略的一本書。

議題6：能源教育

面臨全球能源價格劇烈波動、化石燃料枯竭等問題，對能源有更深入的認識、具備正確的能源價值觀、養成節約能源的習慣與態度，都是當代人不可忽略的素養。能源教育議題之所以重要，不僅因為現代生活處處依賴能源，更因為能源的開發與設備的運轉，都與環境息息相關，不可不慎。因此，除了透過《我家能源從哪兒來》、《電從哪裡來》、《城市下面有什麼》了解日常使用的能源從何而來之外，也要特別關注各種能源的發展與使用，對環境可能帶來的影響。

在本書之前的主題選書單元〈繪本裡的歷史課〉中，一開始便將焦點放在核災，核能是兩面刃，為我們的生活帶來便利，但也可能因為管理的疏漏或是天災，引發不可收拾的浩劫。當時所選的書目有《福島來的孩子》、《看不見的炸彈》、《總有一天，想回去我的故鄉》、《好東西》、《我沒有哭》、《菠菜在哭》、《希望牧場》，讀者可以在該單元裡，看到更詳細的介紹。在環境教育議題中曾選入的《一座小島》，亦可作為引子，延伸思考、探討核廢料處置的問題。

針對國中、高中階段的學生，還可提供《那年春天，在車諾比》作為延伸閱讀，這是一部圖像小說，將一九八六年發生的車諾比核災，以及數十年後的現況呈現在讀者眼前，圖畫中的寂靜之美，（並非刻意美化的結果），彷彿像是末日預言的警示，為讀者帶來很特別的閱讀體驗和反思。圖像小說含有繪本和漫畫兩者的基因，也有更完整的敘事和情節，很適合青少年讀者。

綠能的發展，是近年特別重視的方向，在社會形成共識之前，我們可以讀《綠色能源島》、《風，往哪個方向吹？綠能環保救地球》，以及透過動物隱喻各種能源的《勇闖黃金城》。之前曾於〈環境的議題，生存的課題〉介紹的《天空小熊》，原發行者是日本一推廣太陽能的單位，書名原文是そらべあ，也就是solar bear之意，呼應倡議太陽光電的理念。另外，《那瑪夏的圖書館》是綠建築的真實經驗轉化而成的故事，故事主角是台達電子文教基金會援建的環保、低碳圖書館，在故事中化身為機器人，為孩子說明綠建築的特色。《馭風逐夢的男孩》也是真人真事，描述一位馬拉威農民之子，自學設置風力發電機組的故事。

能源教育議題在行動參與的學習主題方面，從國小至高中階段，都將「節能」列入，《怕浪費的奶奶》、《汽車睡覺的一天》可作為參考。總體看來，在現代社會生活中，能源唾手可得，我們往往不知節制，《停電了》和《月亮雪酪》也呈現出這一面，或許我們可減少一些能源的消耗，重新審視我們的生活態度。

議題7：家庭教育

談及家庭主題的繪本，第一印象多是呈現親密依附關係的那一面，大抵是因為繪本的讀者仍以幼兒為主，這類繪本確實也有許多好看的作品，但108課綱的家庭教育議題，所重視的內涵更為多元，包含：家庭型態的多樣性、家庭中的角色與互動、情緒表達與關係建立、家庭資源與消費、社區互動參與。

因108課綱特別敏察社會發展的趨勢，對家庭型態的探討，可參照性別平等教育議題中與多元家庭樣貌的相關書目，另外，本書〈不夠好，卻也夠好的家〉單元中，也大量談及相關主題，讀者可以參照。與情緒表達有關的書目，本書〈心的氣象台〉單元也有完整的推薦與說明，藉增訂的機會，另再推薦《別傷心，我會陪著你》、《不是我，是小怪獸》、《氣噗噗的小火龍》、《小捲毛的壞心情》，它們在觀點和角色設定方面都有獨到之處。

至於家庭中的角色，《我的弱雞爸爸》、《我爸爸的工作是大壞蛋》都突破我們對父親角色的刻板印象；《媽媽變成鴨》以很有趣的角度看媽媽的角色和親子權力的拔河，可與之前在〈對愛渴望〉單元中介紹過的《大吼大叫的企鵝媽媽》一起讀。《讓我安靜五分鐘》、《世界上最強壯的媽媽》、《親愛的媽媽怎麼了？山羊狗狗烏鴉媽媽……》都為媽媽發聲，媽媽也是凡人，需要喘口氣，甚至《別來煩我》也可這麼讀，即使故事中的主要照顧者是祖母。針對高年級乃至青少年讀者，我特別推薦《媽媽的畫像》，此書乍看有點懸疑，實則深刻描繪出女性在母職與自我之間的拉鋸。

現今社會由祖父母作為日常照顧者的家庭頗多，當孩子年紀稍大之後，也許祖父母健康不如從前或正值退休適應、空巢等關卡，孩子不妨反過來扮演積極陪伴者或照顧者的角色，《沒關係，沒關係》、《先左腳，再右腳》、《勿忘我》、《麒麟湯》、《陪爺爺空中釣魚》都屬此類。

家庭與社區的關係，之前在〈從我到我們〉單元中介紹過的《市場街最後一站》

很值得一讀，此書也描繪出祖孫的代間日常，另再推薦《新鄰居，你好》、《10層樓的樟樹公寓》、《樟樹公寓的新房客》、《貓頭鷹 蝙蝠》等書。

家庭資源與消費行動，是一般談及家庭教育議題時，比較少關注的面向。《我的第一個小豬撲滿》很生活化且淺顯易懂，可談理財教育；《夏綠蒂的撲滿》故事離奇但有許多想像空間可供思考；《一個不能沒有禮物的日子》是拮据家庭的日常，但家庭可用的資源與愛的能量並不是正比，相似的主題，《Yard Sale》也談得非常細膩。

議題8：原住民族教育

長久以來，漢族本位主義反客為主，致使最早生活在這片土地上的原住民族文化、語言快速失落，連帶造成族群認同的困境。此議題並不是專為原住民學生訂定，全體學生都應參與，如此才能促進族群之間的相互了解與尊重。108課綱原住族民教育議題中所列出的學習主題，包含語言文字的保存及傳承、認識部落與原住民族的歷史經驗、文化內涵與資產、土地與生態智慧、營生模式等。雖然原住民的繪本選擇有限，也無法涵蓋以上主題和所有民族，但仍有些作品可作為補充閱讀參考。

以神話、傳說等口述文學資產為基礎發展而成的繪本有：《金太陽銀太陽》、綜合多族傳說的故事合集《矮靈祭》，以及遠流出版社「火金姑民間故事繪本」系列中的《賽夏族的故事：懶人變猴子》、《泰雅族的故事：神鳥西雷克》、《布農族的故事：能高山》、《排灣族的故事：仙奶泉》、《阿美族的故事：女人島》、《達悟族的故事：火種》。另還有排灣族的《土地和太陽的孩子》和《百步蛇的新娘》，前者作繪者罕見都是原住民，且是如今著名的藝術家伊誕．巴瓦瓦隆。百步蛇新娘的故事在魯凱族也有，可讀《達羅巴令湖》；特別的是，此書畫家為捷克人，他與台灣文字作者合作的原住民繪本還有《泰雅勇士大步向前》、阿美族的《美崙山上有怪物》。

在文化與生活方面，有鄒族的《回家、回部落》，而《希．瑪德嫩》、《天上飛來的魚》、《小島上的貓頭鷹》都與蘭嶼達悟族有關，《希．瑪德嫩》除了呈現出生活日常之外，也能了解到達悟族的名制。此外，也有些作品在文化智慧的傳承、對生命的崇敬等方面多有著墨，如《那魯》、魯凱族的《姨公公》（作者曾任原住民族委員會主委），以及布農族作者乜寇．索克魯曼的《我的獵人爺爺：達駭黑熊》和《伊布奶奶的神奇豆子》，後者也述及布農族的飲食文化、人與土地的關係。《碳酸男孩》

則是以賽夏族傳說與矮靈祭為背景，由詩人、作家孫梓評執筆，具有文學的細膩感，是適合青少年讀者的作品。

原住民近代面臨的文化斷裂、認同困境，和重新找回認同的努力，可讀《泰雅之音》、《春神跳舞的森林》、《水世界下的故事》、《風中的小米田》和《達海爺爺的木雕》。

原住民的繪本不盡然都要由原住民撰寫、繪圖，但有些故事雖然好看，卻嵌入了漢人的觀點與想像，如《日月潭》中有中國龍、《從前從前：噶瑪蘭公主與龜將軍》中有龍宮。這未必是缺點，師生在課程中反而能有一番有趣的思考與討論。

議題9：品德教育

在前一波課程改革中，並未將品德教育列入，108課綱不僅在素養上重新強調，也透過議題教育融入各領域的課程教學之中。此議題共列出九項品德核心價值，涵蓋個人自身、人與他人、人與社會及世界等面向的品德發展與行動基礎，分別是：尊重生命、孝悌仁愛、誠實信用、自律負責、廉潔自持、謙遜包容、欣賞感恩、關懷行善、公平正義。

品德觸及的層面相當廣大，有關的書目也多如繁星，若要一一說明其內涵並羅列書目，恐怕得寫成一本書。在本書的增訂篇中，僅分別為這九項核心價值，依序列出可符應「個人自身」、「人與他人」、「人與社會及世界」三面向的書目各一本，家長、教師可以在這個基礎上，再去發掘更多。

尊重生命：《城市的狗》、《吉歐吉歐的皇冠》、《牙齒獵人》

孝悌仁愛：《這也太奇怪了吧》、《你還好嗎》、《爺爺的神祕巨人》

誠實信用：《我也想說實話啊》、《說到做到》、《承諾》

自律負責：《夏天的禮物》、《你看看你，把這裡弄得這麼亂》、《就是奧黛麗》

廉潔自持：《金色的盤子》、《我是國王》、《動物選總統》

謙遜包容：《白鵝露西》、《雪是誰的》、《我們一起玩好嗎》

欣賞感恩：《世界第一的草莓》、《城市裡的提琴手》、《愛達的小提琴》

關懷行善：《是誰躲在草叢裡》、《森林照相館》、《同一個月亮》

公平正義：《分享椅》、《恐龍小學運動會》、《馬拉拉的魔法鉛筆》

這九項品德核心價值，除了第三、四、五項之外，幾乎都能與此書原本訂定的十一個大主題相呼應，讀者可對照參考；其中，「孝悌仁愛」的孝悌與家庭教育議題有部分重疊，在此書〈對愛渴望〉篇章中也談及許多，該篇亦涵蓋了手足的面向，因此在這個項目中，僅聚焦於「仁愛」，亦即同理心、設身處地為人著想的內涵，據此來推薦書目。

以上所選出的故事都是幽默有趣，或是細膩感人的作品，沒有一絲說教的意味，可以在不犧牲閱讀樂趣的前提下，兼及品德的陶養。此外，108課綱的品德教育議題也特別重視實踐的能力與行動，故而，此段推薦的書目，也會特別注意此一內涵，尤其是每一項的第三本，涉及「人與社會及世界」的關係，除了認知之外，以行動帶來改變更是重要的精神與目標。

議題10：生命教育

生命教育是極其廣袤的議題，因為生命本身就是如此深邃的課題。果不其然，在108課綱的《議題融入說明手冊》中，相較於其他議題，這個議題所列的實質內涵是最抽象縹緲的。反覆閱讀、消化之後，摘出幾個關鍵字，分別是「自我價值」、「生命意義」、「終極關懷」、「靈性修養」。

自我價值應算是最容易理解的，大抵是指自我認同、肯認自身的價值與獨特，此書第一篇〈我喜歡我自己〉已有不少書目，此外《花地藏》、《星塵》、《白貓黑貓》、《我是章魚燒，我叫章魚三郎》都描繪出人生的跌宕起伏，或是自我認同的危機和轉機。《小種子》和《小希的網不一樣》，主角都和同儕不同調，小種子安然自處，蜘蛛小希因為堅持而讓他人也肯定自己的價值。《超級英雄也有糟糕的一天》光是角色的設定就能引發許多思考，此書也與情緒有關，這也是生命教育議題中的一環。

生命意義即我們對於生命價值以及存在本身的思辨，相關的書目，在〈碰撞與體驗〉篇中可以找到一些，另外，《大海小海浪》、《腳踏車輪子》和佐野洋子的經典之作《活了100萬次的貓》，都是好看的故事，且具有寓言的力量，令讀者思考存在的意義。《巨人的時間》和《等待》都淡而有味，人生不必非得轟轟烈烈才精彩。《爺爺的肉丸子湯》描繪出失去生命摯愛的人，不必然等於失去重心。《活著》是谷川俊太郎的詩，配上巧妙布置的圖，為存在做了極好的註解。

終極關懷聚焦在生死，要真正認識死亡必須先知道如何活，因此當我們談「死」，使用「生死」一詞並非為了迴避，而是必要的態度，看《飛啊！蝗蟲》和《瑪格麗特的聖誕節》一定能有所領悟。此書〈生命的終點站〉全篇都談此一主題，書目頗豐，趁增訂的機會，再補充新書：《再見書》、《媽媽是一朵雲》、《一起去動物園》，《星空下的等待》、《Life 幸福小鋪》、《也許死亡就像變成一隻蝴蝶》、《走過艱難時刻》、《你最喜歡的三個奶奶》，都以誠懇但溫柔的文圖直接談生死離別；而宛如身後留給家人書信般的《That's Me Loving You》，令人想起療癒無數人心的詩〈化為千風〉。

靈性修養看似抽象，相關的繪本書目其實很多，一般人可能會聯想到宗教，其實不盡然，靈性是超越理性與感性的覺察和感知能力，能喚起同理心、超越小我、利他、追求真理和善美、能愛也能被愛等等。《北極熊的某一天》、《艾飛不見了》可思考超越物種的利他之心，相關書目在〈透過動物的眼睛〉中也有不少。另外，有些書讓人讀完，彷彿有了新的眼睛，《草莓》不是我們所想的草莓；《風到哪裡去了》

讓世界和生命都像一個圓滿的圓圈；《坐在世界的一角》領人透過凝視一塊石頭，走進廣大的世界與無限的時間；《天亮之前》使人相信心念的力量；《之後》、《今天真好》、《巨大無比的小東西》都讓人感受到生命的流動，知福惜福。

議題11：法治教育

此議題的學習主題，除了認識憲法與法律之外，也要理解法與公民生活的關係，法不可侵害人民的自由、平等與權利，此外，國家社會必須遵從「法治精神」，即使是統治者、領導者，其行為與權力也應受到法律規範。在《不可以》書中，將成人時常對兒童說的「不可以」，轉變為兒童對當權者的提醒，內容簡單卻力道強勁。

若統治者未能遵從法治精神，人民的生命財產以及人身自由都可能受到戕害，在本書〈繪本裡的歷史課〉篇章中，就有不少相關書目，如《大衛之星》、《鐵絲網上的小花》等。另外，《誰都不准通過》以非常幽默的圖像布局和情節，談人治之法凌駕於法治精神之上，是值得深省的荒謬劇。《愛說話的荷包蛋》點出統治者也應奉公守法，否則其權力不僅會造成更大的傷害，也將使自己受害。《The King Who Banned The Dark》以簡單的故事提出重要的警訊，統治者有時會以錯誤訊息誤導人民，制定不符合人民利益、僅為統治者服務的惡法。

在《The King Who Banned The Dark》故事中，人民並沒有一直被統治者玩弄於股掌，他們察覺有異，並群起發聲導正。類似公民不服從的故事，還可讀《亨利去爬山》和《不肯沉默的公雞》，前者故事有其典故，靈感來自亨利．梭羅（Henry David Thoreau, 1817 ~ 1862 年）反對蓄奴政策違反人權的行動。

在日常生活中，公平正義的理念是否能落實，也關乎法治社會是否足夠成熟，《骨頭島》、《嘰呱森林》、《臭烘烘的游泳池》將匡正正義、分配正義、程序正義等元素融入生活化的故事之中。至於觸犯法律會如何呢？《這不是我的帽子》、《逃獄大作戰》、《當小偷的第一天》原意都不是要正經談論罪與罰，不過情節輕鬆逗趣，在教學上運用，可中和嚴肅的話題。《一定是貓做的》和《紅屁股小偷事件》，皆是很有趣的故事，但也提醒讀者勿以不充足的證據，給人定罪。

在民主社會中，無論是候選人或選民在選舉過程中，也都要謹守法律規範，選舉投票也是憲法保障的公民權利。和選舉相關的繪本，當然也可列入此議題的參考書目，特別推薦：《動物選總統》、《我選我自己》、《去投票吧》。

議題12：資訊教育

資訊時代不可忽視資訊教育議題，除了對資訊系統與工具的認識之外，如何以運算思維解決生活實際的問題、如何透過資訊科技溝通與表達，以及運用資訊的正確態度和資訊倫理等等，都是學習的重點。

《愛達的想像力》是世界第一位程式設計師 Ada Lovelace（1815～1852年）的傳記繪本，若非她缺乏資金與家人的支持，以及遺憾的早逝，電腦很可能提早一百年問世。在這本書中，可以看到運算思維運用在科技與生活的想法如何萌生。另外，《設計漢堡城的廚師機器人》、《啟動兒童樂園的超級電腦》和《找回古代女神的密碼寶石》是比較偏向教材型的繪本，通常目的性太高的繪本多半無趣，但這系列三本書將運算思維融入故事情節，故事帶有任務，讀者可以參與其中，寓教於樂，頗為有趣。

進入資訊時代之後，人與人之間的溝通和訊息傳播，變得更加便利，但也出現新的倫理問題。在《親愛的恐龍》中，小男孩與恐龍互通書信，有各種形式，其中也包含電子信箱。不僅可看到不同的書信形式，也能稍微觀摩到書信往返的基本禮儀。近年來，與資訊倫理相關的話題受到全球矚目，尤其當假新聞實際影響民主國家的選舉之後，更是備受討論。《聽說小豬變地瓜了》、《第一個惡人》、《感冒的魚》、《他們都看見一隻貓》、《三隻小豬的真實故事》、《草原上的八卦》故事中雖然沒有任何資訊設備，但是都能藉此思考資訊傳播的倫理、判斷真假訊息的能力、觀點不同可能引發的問題，以及媒體識讀的素養。

最後，建立健康的資訊科技、數位產品使用態度，也是資訊時代教育不可輕忽的一環。數十年來，受無數兒童喜愛的巫婆阿妮系列，在二〇〇三年，家庭電腦與網路正開始普及不久，也推出新作《Winnie's New Computer》（新版改為《Winnie and Wilbur: The New Computer》），孩子可在書中看到基本的電腦設備以及網路資訊的便利，同時早在當年就已存在的資訊科技成癮問題。巫婆阿妮系列從未令兒童失望，若有意透過繪本，讓孩子有機會思考資訊使用的態度，此書就很適合共讀。相關書目還有：《如果你給老鼠玩手機》、《我想變成媽媽的手機》、《誰才是寶貝》，後兩本其實也很值得家長自己讀，資訊科技成癮的問題，往往會先由家長衝擊到孩子，以身作則真的不是口號而已。

議題13：安全教育

安全教育最重要的目的便是避免各種非預期的傷害，因此重點在建立學生的安全意識，對周遭環境保持警覺性，以防範意外事故的發生。在推薦相關書目之前，需要先澄清——對於特別可能會危及孩子人身安全的事項，我素來傾向建議家長及教師直接教導，意外預防相關的教育也是如此。這並非否定利用其他素材（如繪本），作為教養或教學的輔助，但直接且清楚的教導，仍是必要。

年幼的孩子還不熟悉使用工具，但又熱衷摸索、練習，在《鱷魚受傷了》中，就能看見幼兒的影子。《啊！請小心意外小惡魔》是目的性較高的繪本，故事情節不明顯，主要是觀念的教導，不過書中對各種環境可能發生的意外，都一一呈現出來，作為延伸教材也相當清晰。《巴警官與狗利亞》、《怎麼卡卡卡住了》和《妖怪交通安全》，以相對有趣的角色和情節，談校園、居家、交通的意外預防和處理，即使不特別用做輔助教材，單純閱讀也樂趣十足。

《書中有一道牆》主旨無關安全議題，但可延伸思考安全意識，主角一直以為書中的牆為他阻絕外界的危險，殊不知自己所處的這邊才是危機四伏。《傳說河裡有個獨眼怪》可看到水域安全、《大象亮亮》是用火安全與傷後心理復原。故事角色調皮討喜的《11隻貓別靠近袋子》，則是不著痕跡道出遵守安全規則的重要性。

《叢林派對》也能談安全意識，但是該注意的不是環境而是人（故事中危險的是蟒蛇），另外，對於低年級學童或幼兒，《三隻山羊嘎啦嘎啦》、《古飛樂》、《一吋蟲》等故事，跟著主角以冷靜的態度，靠著機智脫離險境，彷彿也能獲得啟發和勇氣；在《11隻貓別靠近袋子》的最後，也有相似的情節。

此議題在校園安全的學習主題中，也特別列出霸凌的防制。相關書目在本書〈從我到我們〉那篇中，介紹過《獅子與兔子大對決》和《鱷魚艾倫又大又可怕的牙齒》；可參考的新書還有：《遜咖威利》、《大英雄威利》、《小惡魔來報到》、《被欺負時，可以打回去嗎》，以及文字相當直接、情緒稍微沉重，但是故事和圖像有很多值得討論之處的《是誰搶走了我的名字》，特別適合中學以上的孩子；圖畫很美、文字細膩的圖像小說《簡愛，狐狸與我》，也是青少年會喜歡的作品，可作為延伸閱讀的書目。

以上的故事，多是外在的環境或人對安全的威脅，但有時候個人的態度，也可能帶來危險。《小旅鼠向前衝》的故事非常有意思，作者利用一般讀者對旅鼠特性的誤解，將盲從的危險寫得生動好玩，又能激起許多討論和反思。

議題14：防災教育

相對於前一項議題，防災教育重點不是預防日常生活中的意外，而是可能會造成更廣大傷害的天災，如颱風、地震、土石流等等，然而，有些天災，卻是起於人禍；在此書〈環境的議題，生存的課題〉篇的延伸閱讀書目中，列出的《森林是我家》將山林毀壞、土石崩塌成流的因果關係，描繪得非常好。故事一開始的第一句即有隱喻，「大熊得到一把寶劍，到處東砍西砍的，很神氣。」這把寶劍，正如人類開發山林的工具與短視近利的政策。過度開發造成水土保持失衡的繪本，之前在環境教育議題中推薦的《森林》和《整潔》也可一起閱讀。

《颱風那一天》比較適合幼兒或低年級學童，故事也穿插著防颱準備的工作；《颱風來了》和《討厭的颱風》都能看到颱風對我們生活造成的影響，後者還將颱風擬人化，從颱風如何形成、風雨如何肆虐，到如何消失，均表現得既清晰又生動，具備此主題繪本少見的文學和藝術特質。《打氣粥》與《小番茄的滋味》則可以看到颱風造成農漁養殖業的損害，以及與土地共生、堅韌的人們。

和地震有關的繪本都比較重視知識性和實用性，偏重逃生與自保的能力，如《地震搖啊搖》和《地震了！這個時候該怎麼辦》。《地震跑跑跑》大抵也是如此，但更特別的是，此書講解地震成因時，除了地球科學的知識，還介紹了日本、希臘和北歐神話中對於地震成因的觀點。

由吳念真導演執筆的《鞦韆／鞦韆飛起來》是結合在一起的兩本書，這是為台灣921大地震後心靈創傷復原所寫，以孩子的角度淡淡的看人事物的變遷，以一個特別的心願紀念逝者，給人一絲希望。《1000把大提琴的合奏》是日本著名繪本作家伊勢英子的作品，在書中呈現出一九九五年阪神大地震後，賑災演奏會的實況，文圖都有撫慰人心的力量。另外，《天亮了，開窗囉》最初雖不是特地為311福島地震所畫所寫，畫面中也沒有天災的場景，一頁頁都是開窗後的各種日常景色，然而，出版之後竟能成為許多日本讀者的心靈療癒之書，可見在災後，人們對於以往習以為常的日常，多麼嚮往、珍惜。

要避免災害帶來更多災損，許多人在災難發生當下的應變或之前的預防，做出許多努力與貢獻，在防災教育議題上，不妨也讀一讀《我的爸爸是消防隊員》和《深夜裡的鐵道英雄》。

議題15：生涯規劃教育

生涯規劃教育議題的學習主題，不外乎是認識自己（包含自我特質、興趣、能力與優勢等等），以及認識不同的工作或教育領域，並依據對自己的認識，為自己想投入的工作或受教領域，做出計畫、付諸行動。有關認識自己的相關書目，在〈我喜歡我自己〉主題篇章中，有不少書值得參考；另再補充《我是湯匙》、《虎斑貓小吉的優點》、《有些事，我特別厲害》。現代社會的職涯選擇，很少有難以擺脫的階級複製宿命，像《我家在海邊》書中，與一代又一代只能在深海礦坑裡工作的居民不同，只要我們充分認識自己，找到正確的方向，即使身材迷你如《小豆子》或體型巨大如《古倫巴幼兒園》裡的大象，都能找到屬於自己的位置。

有些人從小就能發現自己的熱情所在，如《最黑暗的地方》，因為熱愛，怕黑的男孩竟也有勇氣立志上太空；另外還有《艾瑪和茱莉亞都愛芭蕾舞》和《天鵝》，前者是虛構的故事，後者是真實的人生，不妨將這兩本書一起讀。當然，也有人到了中年，甚至更晚，才發現自己真正想做的事，但永遠不嫌晚，且看《亨利．盧梭的奇幻叢林》。

關於各種工作領域，有不少非故事類型的繪本如圖鑑一般，為孩子介紹許多職業，最詳細的當數《工作達人1-4系列套書》，此系列作繪者鈴木典丈在投入繪本創作之前，曾任新幹線駕駛員，光是作者背景，就很有意思。《現在工作中》、《長大後，你想做什麼》、《職業大發現：你長大後想做什麼》等書都屬此類，另外，《大人上班都在做什麼》同樣列出非常多職業，但此書特別在破除職場與性別的刻板印象下功夫，也有多元文化兼容並蓄的表現，在不同職場中，有各種膚色的從業人員。

108課綱中特別重視課程應關注社會變遷的因素，女性在職涯選擇不應受限於刻板印象，列在〈各種男孩和各種女孩〉延伸閱讀書目的《為什麼不能有女醫生？美國第一位女醫生的故事》，就是社會變革與職涯選擇關係主題可參考的書，在稍早性別平等教育議題中，也有不少傳記繪本可運用。

關於工作態度，《杯杯英雄》有動人的小故事，之前在品德教育議題推薦的《就是奧黛麗》，也能看到敬業的態度，和事業有成之後對社會的回饋。《驢子圖書館》與《和平樹》兩本真實故事中，主角所從事的都不是真正的職業，但卻影響、改變許多人的生命。另外，《小報亭》可思考工作與生活的平衡。

議題16：多元文化教育

因為全球化的發展趨勢，鮮少有國家僅有單一族群，台灣亦是如此，且台灣數百年來皆是多族群融合的移民社會，多元文化教育議題更顯重要。除了原住民族之外，其他族群都是四面八方來，只是先來後到而已。我們一方面應像《島國的孩子》認識自己的族群文化，另一方面也應認識、了解、尊重不同族群的文化，社會才能和諧繁榮。

從歷史的面向來看，在之前的原住民族教育議題中，已有許多原住民族的繪本可參考，而在海洋教育議題中介紹的《秀姑巒溪河口漂流記》也能看到原住民族、日本人與漢人的交流；《少年西拉雅》亦描繪出嘉南平原西拉雅族和荷蘭人的文化交會；《聽 Fofo 說故事》則是仿口述歷史的形式，說出一篇篇原住民族從日本時代、國民政府時代至今的文化認同課題。《不要叫我秀子了》和《夢想中的陀螺》如同紀錄片電影，為日本時代尾聲的跨文化故事做出見證。《雞蛋花》則以一幢日式老屋交織著現代、日本時代、國民政府時代初期的故事，讓人窺見時代更迭的小民生活與心事。《紋山》的故事背景，已是國民政府登場之後，故事中，原住民參與協助漢人開發山林，可以看到跨族群的共融，也有文化價值的矛盾。

有關台灣多民族的生活，《回家》的關鍵字是一九四九年、眷村、大安森林公園；《酒釀》、《一家人的南門市場》可從飲食生活看台灣的多元文化；《到部落共餐》、《會飛的禮物》是當代原住民與漢民族的交流，可以看到族群的關係與以往大不相同；《蘋果甜蜜蜜》和《爸爸的友善茶園》則是更新的多元文化議題，在故事中都有新住民母親的身影。

另外，關於漢人的生活文化，可讀《那年冬天》、《噴射龜》、《出大甲城》、《曹操掉下去了》、《火燒厝》、《獨眼孫悟空》、《惡地公的花生糖》等書；特別聚焦在客家族群的也有：《爺們不是好兄弟》、《小桃妹》、《阿婆的燈籠樹》、《藍色小洋裝》和《紅花仔布的祕密》。其中，在《出大甲城》、《曹操掉下去了》、《惡地公的花生糖》和《爺們不是好兄弟》幾本書中，讀者還能看見宗教文化祭典、祭儀、匠師手藝的結晶，幾乎都是台灣這片土地獨有的瑰寶，這是長久以來、多元文化交融的文化之華。

大量移工在台灣，也逐漸為台灣多元文化增色，但移工仍面臨許多困境，《透明的小孩》一篇篇都是無國籍移工兒童的故事，只要有一個孩子的故事，至少就還有一個母親和父親的故事，值得我們關注。而《蟬》一書，場景雖不在台灣，但作者陳志勇將其父執輩移民澳洲，在工作上的諸多困境轉化為都市傳說一般的故事，也很值得一讀。

議題17：閱讀素養教育

鼓勵孩子閱讀或是描繪閱讀樂趣的繪本相當多，閱讀的好處不必再多說，至於閱讀素養，大抵是指具備批判思考能力、不會不經思考就全然接受所讀的文本、能夠建構自己的知識，並與其他讀者交流。

《大野狼從故事裡跑出來了》、《想讀書的熊》、《大熊去圖書館》、《狗狗好愛書》、《狐狸愛上圖書館》和篇幅較長的《愛吃書的狐狸先生》，都將閱讀的樂趣描繪得非常生動，《狗狗好愛書》更呈現出閱讀者特有的獨處能力。《書之子》與《書之樹》展現出閱讀的力量，無論是賦予讀者內在的力量，或是改變外在的世界。《書之子》將許多名著、知名繪本的書名文字化為圖畫的一部分，令人驚豔；《書之樹》也能延伸思考更大的議題，如專制獨裁者對思想的掌握與箝制。

隨著時代變遷、科技發展，閱讀的形式和媒介也愈趨多元。《書book》就是一本帶領數位時代的讀者，重新認識「書」的書，《狗狗愛上掌上圖書館》是《狐狸愛上圖書館》多年後的系列之作，也隨時代的脈動，加入數位閱讀的情節。在108課綱中的閱讀素養教育議題中還特別提及「圖像閱讀」，其實，繪本有比重很高的圖像，都能接觸到圖像閱讀，但《圖畫在說悄悄話》以唯美但富有想像力的圖畫談圖像閱讀，再適合不過，此書的主題確實也在此。無論是什麼樣的閱讀形式，不囫圇吞棗且養成批判反思能力都非常重要，分別可讀《不可思議的吃書男孩》與《小旅鼠沒讀過這本書》。另外，運用文本中的知識以解決生活情境中的問題，也是此議題的學習重點，可參考：《大野狼才要小心》、《威斯利王國》和《書是我的翅膀，帶我去世界》。

關於閱讀素養，可延伸看《你送玫瑰，我送什麼呢》，此書以「故事中有故事」的手法，道出世界閱讀日的典故。此外，有些新近的作品都是以經典為靈感所作，若能一起讀，對於分析、比對、整合等閱讀理解能力亦有助益。以下繪本都與名著《小王子》有關：《飛行員與小王子：聖修伯里的一生》、《狐狸與飛行員》、《尋找心中的小王子》和《星球上的小王子》。

由經典童話改寫的繪本，常會打破傳統的刻板印象，如性別或善惡，也是批判思維的養分。除了之前介紹過的《小紅帽》、《長髮公主》、《三隻小豬的真實故事》、《大野狼才要小心》，再列舉一些提供參考：《白雪公主和七十七個小矮人》、《不一樣的仙杜瑞拉》、《從天空看桃太郎》。

最後，《What Do Authors And Illustrators Do》仔細介紹文字作者與插畫家的工作，以及他們創作歷程中所思考的細節，也很適合作為閱讀素養教育的延伸閱讀書目。

議題18：戶外教育

此議題主要目的在強化學生與環境的連接感，除了養成友善環境的態度之外，也能體會萬物可為師，學習不僅限於教室裡。《公園裡有一首詩》的小男孩，透過動物對世界的敏覺，看見許多如詩的日常之美，最終也能自主的發現美，果真萬物可為師。即使像《溜達雞》只是四處走走晃晃，也不是虛度光陰。

戶外當然不比室內舒適，對鮮少在戶外活動的現代孩子來說更是如此，但做中學或是觀摩家長、老師怎麼做，也是重要的學習，《就快了》中的小象也學到重要的一課。《無所事事的美好一天》中，主角的遊戲機掉進池塘之後，感官才真正打開，感受到周遭環境裡的各種小小的動靜，雖然無法玩遊戲機，卻有了真正美好的一天。尚無繁體中文版的《Unplugged》，主角是不小心脫離主機連線的小電腦，他跌出室外，一切才從黑白轉為彩色；此書並沒有完全否定數位學習的重要，但呈現出一種平衡的樣態，很值得一讀。

學習觀察並覺知環境中的事物，提高對環境的敏感性，也是戶外教育的重點，《寂靜山徑的呼喚》讓讀者了解到，寂靜並不是全然無聲，而是萬物存在的一種狀態；場景同樣在山林裡的《山中》，是很奇幻的故事，我們都脫離自然太久，失去與自然連結、從中汲取生氣的能力，此書即使是與青少年讀，也很適合。《走出森林的小紅帽》是截然不同的小紅帽，雖然看不見，但能用其他感官探索世界，親身走一趟森林的小紅帽，學到的肯定比別人告訴她的更多、更深刻。另外，〈碰撞與體驗〉那篇裡所介紹的《走進生命花園》和《企鵝的故事》，也是戶外教育議題可以運用的繪本。

戶外教育也不只是獨善其身之事，必須在其中發展社會互動的能力，學習尊重、關懷他人，並與人合作解決問題。《愛搶第一的小火龍》很寫實，不少孩子就是不服輸、搶出頭，而在人際關係吃虧受苦；《可以回家了嗎》故事非常討喜，有點煩人的鴨子竟是可靠的夥伴；《如果你想蓋樹屋》雖然只是在想像中蓋樹屋，但孩子們合作搭建一個又一個想像的樹屋，在樹林間自在探索度日，都成了生氣蓬勃的「野孩子」，感覺身心都無比強壯。

即使不是為了108課綱的素養做準備，和幼兒也可以一起讀這些在戶外探索、體驗、暢快無比的故事，不必抱著任何目的，特別推薦《爸爸，我們來抓鯨魚吧》、《尋找漿果的過程》，以及很擅長以動物描繪幼兒活動姿態的岩村和朗，不妨以《森林裡的小松鼠系列》春夏秋冬四冊作為起點。

最後，推薦幾本知識類的繪本，從台灣到世界：《台灣生態尋寶趣》、《台灣最美的地方：國家公園地圖》、《走進大自然》、《河流》，都是深度與廣度兼具的好書。

議題19：國際教育

本書在〈從我到我們〉最後推薦的《世界上的此時此刻》，很適合當作此議題的開場。該書最特殊之處在於別出心裁的裝幀，讀者彷彿飛越全球二十四個時區，看見不同地區孩子的生活。類似的還有《世界的一天》、《世界的孩子，不一樣的生活》、《世界各地的孩子》、《北緯36度線》，其中，《世界的一天》集結八國頂尖作者，各自畫他們國家的孩子，雖然出版於一九八六年，卻一點都不顯陳舊。

另有幾本也是主題類似的作品，文字或篇幅皆更多，有更詳細、更具主題性的介紹，《如果地球是個小村莊》以「世界是一百人的村莊」的概念，將世界濃縮到孩子容易理解的數字，從諸多面向認識世界各地人們的生活。《孩子，你就是世界的一片拼圖》也有非常詳細的主題分類，並以中英雙語並陳。《我會跟全世界打招呼》主打可學會一百三十多種語言的問候語，但更重要的價值在於不以自身的國家文化為尊，而是與世界為友的態度。

不同國家的孩子，因當地政局經濟條件不同，有截然不同的生活，除了安居樂學之外，先前在人權教育議題介紹過的《謊言的故事？》，就安排許多在困境求生的孩子「現身」，為讀者娓娓道來。〈繪本裡的歷史課〉一篇中延伸閱讀推薦書《我吃拉麵的時候》也以看似輕鬆的方式，點醒輕鬆度日的讀者，世界不只有輕鬆的這一面。另再推薦來自南美洲的作品《Seven Pablos》，七位同樣名叫 Pablo 的男孩（這是西語國家常有的人名），在不同國家過著不太一樣的生活，卻有相似的宿命。這些事實雖然令人難過，但不能只是感嘆，曾於稍早提過的《戰爭的一天》和《空中的飛船》，分別以事實和虛構故事，演示了投入行動改變的可能。同時，還可和高年級以上的孩子延伸共讀《為什麼會有國際衝突》。

在108課綱國際教育議題中，還有一點值得我們注意，關於此議題的實質內涵，首先列出的是「國家認同」，希冀孩子從認識自我文化出發，再擴展文化接觸，才能發展出具有國家主體性的國際觀。因此，原住民族教育和多元文化教育兩個議題，應屬國際教育議題的基礎，教師可一併思考。另外，《我自己的博物館》也可列入此類，雖是介紹各種不同的博物館，但在看過世界各地的文物、藝術收藏之後，引導孩子重新審視——能夠代表自己的收藏是什麼？

有些類似圖鑑的繪本，頗適合拓展孩子的國際視野，如《世界城市趴趴走》、《世界奇景趴趴走》、《環球大探險》、《好多好多》、《哈囉歐洲》，這些書都不只是表面上的旅行，還帶出各國的文化或國情特質。《Flying Colors 國旗的故事》則以相當特殊的主題，讓孩子有機會看見各國國旗的設計，同時也理解其歷史文化脈絡。

最後，《歡迎來到這個美麗的星球》是作者以一位父親的心情，創作給自家孩子以及所有孩子的書，讀起來像是「地球使用說明書」，但流露出深摯的感情。我們都希望世界變得更好，唯有如此，孩子才會有更好的命運、更好的生活。就以這本書，喚起我們疼愛孩子，以及教育的初衷吧。

PART 4

說故事的心意、心意與心意

說故事是人類的本能之一，在印刷術還沒有普及之前，或是在沒有文字的民族之中，許多先民的事蹟、族群的歷史、生活的智慧，都是靠著口述代代相傳、流傳至今。其中有些成為珍貴的史料和文化資產，有些流淌在我們的血液中，讓人們彼此相異，卻又如此相像。

即使在今日，當孩子問起：「爸爸，以前你是怎麼追到媽媽的呢？」如果你願意耐心回應，從記憶深處提取多年前的點點滴滴，不管你選中了腦海裡的哪一滴來說給孩子聽，你就已經是在說故事了。就算當年明明是你死纏爛打對現在的另一半說：「拜託妳以結婚為前提跟我交往吧」，卻告訴孩子：「什麼我追媽媽！是你媽媽來追我的，我當年多帥啊，好多女生排隊等著」，即使如此，你也是在說故事！畢竟有許多故事是虛構的、誇飾的，聽的人明明知道故事說的不是真的，卻仍聽得興味盎然，也是一種樂趣。

1 誰會說故事？

只有心意，就能說故事嗎？你可能會想多問：「說故事，有什麼技巧嗎？」

我的回答是「有」，但會再補上一句：「就算沒有技巧，還是可以說故事」，即使我是一個開課講「繪本鑑賞和說故事」的人。這麼說，可能會讓報名參加課程的人數銳減，但我不能昧著良心說，你一定要學會哪些技巧才有辦法說故事，或是還順便宣傳「現在只是初級班喔，之後還會有進階班，讓你變成真正的說故事高手」。因為我深信，只要願意好好說故事，人人都能說故事。

對一個想把故事說好的人，真正該做的是「開始說故事」，而不是「開始上課學說故事」。某些課程確實可以提供一些指引，但想說故事的人實在沒必要陷入「我的技巧還不夠，要再多學一些」的不安。

舉一個繪本的例子，史戴夫婦合作的《你想聽故事嗎？》，故事裡有一頭想說個故事給朋友聽的大熊。但他選的時機不太好，有的朋友正忙著為漫長的冬天儲糧；有的正要啟程飛向溫暖的遠方過冬；有的準備要冬眠或早已經沉沉睡去。於是大熊只好帶著未說的故事也去冬眠，直到春天再度來臨，在美好的月色下──大熊聚集了他的好朋友，直挺挺坐著，清了清喉嚨。

他鼓起胸膛，所有的朋友都仔細聆聽……但是，大熊卻怎麼也想不起來他要說的故事。

你或許覺得大熊準備不周，心想：「怎麼沒好好規劃故事活動，並認真演練熟悉呢？」但是，和朋友、和孩子分享故事，需要如此大費周章嗎？忘記故事的大熊，搞砸了這個故事聚會嗎？如果你讀過這本書，或願意找來讀一讀，從大熊一直以來對朋友的體貼關照，能看得出牠們的情誼之深。在美好的月色下，故事已經不是絕對的重要，重要的是朋友們聚在一起、靜靜坐著，心無旁騖的分享那段時光，讓美好的月色更加美好。

當然，如果是故事活動的說書人，就另當別論了。但若是在家中，孩子在意的，就像大熊的朋友們一樣，並不是你能不能做出精彩的聲音變化或靈巧的角色扮演，而是和你依偎在一起，分享一本好書。書本不大，大小剛剛好讓你們為了都能看見圖而靠得更近、更緊。由你一字一句為他讀，這專屬於親子的時光，對孩子來說才是最重要的。即使故事說不到三頁，孩子就岔題聊起其他的生活瑣事，話題一走向岔路，就離開了十萬八千里。也許他又問你：「爸爸，以前你是怎麼追到媽媽」，或問：「媽媽，以前爸爸是怎麼追你的」──別急著導回「正題」，那也是故事的一部分啊！是以後孩子可以從回憶裡提取出來回味的、無比珍貴的故事。

所以，誰不會說故事呢？人人都會，也包括你！

2 有「心」就會在「意」的事

想把故事說好，技巧並不是決定性的必要條件，最重要的是「心意」。雖然在各課程中擔任說故事培訓人的時候，我仍會整理並示範一些為故事增色的方法，但在技巧之前，我不斷強調的，還是說故事的心意。

所謂「說故事的心意」，最基本的就是不勉強而為、不草率敷衍。如果說故事的人，自己也能享受這段共讀故事的時間，那就再好不過了。而對說故事的心意更講究的，還會注意到更多的細節，例如合適的環境、孩子的訊息等。

選擇合適的共讀環境

若在你說故事的同時，其他家人在一旁收看發言慷慨激昂的政論節目，一邊看一邊跟著評論，請務必考慮另覓其他空間，以免說故事的人和聽故事的人都大受干擾。若堅守在原處，無論說故事技巧再如何高超，也難以營造好的故事氛圍，甚至讓說故事的人感到挫折，還可能會指責孩子不專心，讓孩子蒙受不白之冤。

★單純說故事，不偷渡說教

說故事的心意除了不敷衍了事的全心全意，也要一心一意，既然是說故事，就只說故事，只做這一件事。請避免一邊說，心裡一邊等待適當的時機，要利用故事情節來檢討孩子最近的行為或問題。免得日後孩子一看到繪本，就想起一次又一次「聽故事外加一串碎碎念」的被說教經驗。日後跟孩子說：「等一下說個故事給你聽」，孩子可能會一臉擔憂的問：「我又做錯了什麼？」

帶著明顯說教目的來說故事，好故事中的樂趣、感動或是啟發，都會被消磨殆盡。以禪宗的一個著名的公案「滿水的杯子」為例，如果這個「故事」中的禪師不是透過持續倒水，即使杯子滿了也不停手的動作「不說而說」，而是直接長篇叨念的說：「你就是太驕傲，太自滿，所以不管別人說什麼你都聽不進去，不能這樣，這樣永遠都無法進步……。」想必無論是當下受教的學人或是千百年後的我們，都不會有當頭棒喝、如夢初醒的感覺，只會覺得好煩、好囉嗦啊！

★覺察孩子的身體訊息

說故事的心意不只表現在「我願意說故事給你聽」這種「我給、你接收」的單向動作上，說故事的人更要保持敏覺、仔細感受孩子全身傳遞給你的訊息，動作、眼神、呼吸，甚至肌肉的緊繃或放鬆，都會表露出他們的心理需求或情緒。不同的身體訊息要告訴你的可能是「好可怕」或「好無聊」，若你的判讀是「好可怕」，可能就要停止以太尖銳的聲音詮釋可怕的角色；若是「好無聊」，則可以為故事加點料，例如聲音的變化，或根據故事的情節，和孩子有一些肢體的互動，以提升故事的趣味性和說故事時的親密感。

3 不可忽視的關鍵

選書，是表現說故事心意最關鍵的部分，在尚未累積足夠的共讀經驗之前，難免會有失誤，但是選書時，若能抱著「選書就像選禮物」的心意，仍可以降低踩到「地雷」的機率。

捨得買大量的或昂貴的書，並不是特別有心意的表現；精緻唯美的畫風，也不一定是最好的繪本。有些作品的圖雖然稚拙，甚至看起來有幼兒的塗鴉感，卻充滿生命力，足以吸引孩子。

那麼，要怎麼選書呢？關於這個提問，很難有標準答案，唯一確定的建議是，除了給幼兒的認知學習繪本之外，避免選擇偏向教材式的繪本。意思也就是，別挑那種刻意想要教孩子什麼的繪本，尤其是直接標榜品格教育，在封面向家長喊話說「可以教孩子有自信、有禮貌、有包容心」等繪本，通常都太過心急於想要「教」，而失去了故事最吸引孩子的元素。

如果要為選書下一個簡單的比喻，那就像是選禮物吧！

★選書就像選禮物

送禮之前，我們會思考的問題、條件，恰好可以做為選書參考。選禮物時，至少會考慮到兩個面向，第一是「什麼時候送」，第二是「送給誰」。前者指的是送禮的時機，例如要為朋友選生日禮物，受禮者的生日在盛夏，送一個充滿聖誕節氛圍的雪球，就不太適合。除非對方的生日正好就在聖誕節前後，那麼同一個禮物，就會給人截然不同的感覺。後者指的是送禮的對象，選禮物時便要考慮受禮者的年紀、個性和興趣，選擇對方會喜歡的東西。

另外，為孩子選書時，建議可以嘗試跳脫父母的角色，暫時放下教育的目的性，否則很容易陷入「我是為你好」的思維模式，難以真正站在孩子／受禮者的立場選書，一心只想選有教育意義的書，或是心目中那些可以讓孩子讀了更乖、更聰明、更有禮貌、改掉說謊壞習慣的書。更糟的是——世界上根本沒有這種書，雖然有些書宣稱它們有。

★選書的親子角力

當我們習慣以「為你好」的想法來選書，我們會犧牲的是孩子對閱讀的熱情和樂趣，非常得不償失。可是「為你好」的想法太正面、太積極，也太偉大了，很不容易拋開。因此親子在選書上的角力，一直以來都以極高的頻率在書店中發生，而且勝利的一方通常是父母，畢竟付錢買書的多半不會是孩子。

我很常在書店觀察孩子的閱讀行為，如果你也常在書店的繪本區停留，或許我舉出的這個實例也會讓你覺得似曾相識。

某次，一位媽媽帶著大約五歲的小男孩，在書店的童書區說要選一本書當作禮物，小男孩說要買恐龍的書，媽媽立即以膝反射的速度回絕：「不要啦！又是恐龍！」小男孩不放棄，小小身軀在叢林一般的書架間尋覓恐龍，媽媽則在不遠處的另一片叢林裡高聲問小男孩：「給你買《弟子規》好不好？你應該要讀一讀了。」

「什麼是《弟子規》？」小男孩喃喃說著時，他的視線仍在搜尋恐龍，沒有去媽媽那一邊的叢林。當時我心想，小男孩聽到「弟子規」這三個陌生的字時，當下浮現的心像說不定是「弟子龜」、「栗子龜」，或許還想著「啊！媽媽回心轉意了？弟子規是不是恐龍時代的某一種巨龜？」當然，也許只是隨口應了「什麼是《弟子規》？」然後，就什麼也沒想了。

我離開書店前，母子兩人的視線依舊沒有交集，一如他們對於選書分歧的意見。我默默從書架上抽出松岡達英的《我是小恐龍》、《喀嚓喀嚓爺爺的恐龍王國》以及《恐龍怎麼說晚安》和幾本宮西達也的「霸王龍系列」繪本，正面立放在小男孩身旁視線可及的書架上，希望他能發現。

這場親子間的閱讀與選書的角力，我也在暗中使了一點力，希望至少滿足這孩子當下的閱讀癮。如果小男孩沒發現，只好向書店的服務人員說聲抱歉了！

我無意否定《弟子規》可能存在的價值，但無論在主題、內容或是繪圖的表現上，《弟子規》和繪本都是不同的，可否讓它們並存在孩子的閱讀選項中呢？別急著非要二選一，以免顧此失彼，沒有買恐龍繪本給孩子是小事，澆熄孩子閱讀的熱情才真是大大的損失。

再說，以「恐龍」為主題的繪本，所呈現出來的樣貌並不像我們所想的那麼「扁平」，同樣是以恐龍為主角，也有許多不同的切入面向，可能是知識含量高、印刷精美的科普圖鑑式繪本，如《生命的故事：演化》，也可能是極具想像力的故事，如《騎著恐龍去上學》，甚至能讓讀者感受到宇宙洪荒、原始情感的《噠酷唧嚧、噠酷唧嚧……最早的歌……》，或談及重要議題的，如《恐龍和垃圾》。以《恐龍和垃圾》為例子，若只以封面看似在搗蛋搞怪的恐龍來判斷這本書，恐怕會錯過一本好書。

《恐龍和垃圾》的作者邁克．福曼，曾獲得提名競逐兒童文學界最高榮譽「國際安徒生大獎」，這本早在一九七二年就首度出版的作品，至今在世界各地仍持續印刷發行。作者以幽默、反諷的寓言手法提醒讀者重要的環境議題之外，更表現出「人們追求遠方未知的想像，卻忽略珍惜當下美好」的省思，深具價值，且毫無說教意味。

光是恐龍就能帶出這麼多元的主題，如果你也曾是對孩子說「不要啦！又是恐龍！」的家長，請務必讓孩子繼續選讀他／她心愛的恐龍故事，在這麼多的故事之中，恐龍絕對不只是恐龍。

★培養並保持逛實體書店的習慣

網路書店通常是忙碌家長購書的主要管道，但是在網路上買書，讀者往往只能獲得片面的資訊，例如編輯的簡介文案，或是專家名人的推薦、得獎的紀錄。這些資訊固然可以作為參考，但是別人認為好的書，不見得適合你和孩子，還是不要過度依賴比較好。

更好的做法，還是撥空去書店或圖書館，親自和書本們見面、靠近它們。在實際翻閱之後，有些繪本的故事或圖畫會走進你心裡，有些則會給你一種距離感，建議可以先憑直覺選擇那些讓你感覺親近的書。有距離感的那些書，也不見得不好，有可能是你們成為朋友的時機還未成熟，或者，那真的不是值得交心的朋友。

實體書店提供讀者和書這麼好的交誼機會，如果都已經在書店看到喜歡的書了，就算無法全買下來，至少也要買下一本作為感謝，千萬不要利用了實體書店之後，以

「無法負重」或「折扣不如網路書店」為理由，頭也不回的離開。讀者以買書作為感謝，是對實體書店最好的支持，支持這些書店，讀者才能持續享有和書約會的機會。

網路書店固然提供我們許多方便與豐富的資訊，但逛實體書店還有一個網路書店無法取代的優點。在網路上購書，通常不會漫無目的的「逛」，而會先有比較明確的目標才進入網頁、輸入關鍵字、放入購物車，在送出訂單前或許會再看看網頁顯示的「買了這本書的人也買了……」，但是大抵仍在類似的主題範圍內打轉。若是在實體書店裡「逛」，那就不同了！各家出版社、各國創作者、各種不同主題的繪本，或站或臥的在你周圍靜靜等候，讓你更容易「發現」一本書，而不是「搜尋」、「找到」一本書。「發現」會有驚喜，讓我們固定的閱讀口味有變化的機會。何況還有一些獨立經營的繪本書店，即使店面通常不大，選書的品味或店主人的建議，卻很值得普通讀者參考。

4 說故事的一〇一種方法

真的有一〇一種說故事的方法嗎？請先別急著將螢光筆拿出來畫重點，在本書中，不會有技巧的大補帖，畢竟之前就強調：「想把故事說好，技巧並不是決定性的必要條件」，且在稍早的段落也說了：「人人都會說故事」。如果每個說故事的人都能發揮自己的特色、注意孩子的特質和當場的反應，發展出最適合自家的說故事方式，那麼，說不定一〇一種還算是保守估計了。但無論如何，為了不限制每個人對說故事的想像，或鼓勵讀者追求技巧，本書不會將說故事的技巧五花八門的條列其中。

技巧豐富、偏向表演式的說故事活動固然生動有趣，但也意外的使部分家長對說故事產生一種定型化、專業化的印象。這幾年設置故事屋的親子空間越來越多，書店和出版社共同舉辦的故事活動也不少，曾有好幾次，有家長在講座後提問，希望知道必須經過什麼樣的培訓，才有辦法說得那麼「好」，因為看到如此精采的說故事活動，總覺得自己很不會說故事……。

其實，團體說故事和親子共讀的說故事有許多不同之處，說故事的場域不同、目的不同、聽故事的人和說故事的人彼此的關係不同，「關係」尤其是重要的差異因素。另外，人數的比例也不同，在家多半是「一對一」而不是「一對多」。因此無須比較，不要因此失去信心，更不必仿效兒童節目或遊樂場的姐姐，綁著雙馬尾、穿上蓬蓬裙說故事。如果非得這樣才能讓故事變得精彩好聽，那我們怎麼鼓勵爸爸多跟孩子說故事呢？

雖然不打算羅列說故事的技巧，但可提供幾個可行的做法，包括「話語的魔法」、「眼神的訊息」和「互動的調味」，做起來都不難，但卻能為說好故事起關鍵作用，提供參考。

★話語的魔法

說故事的「說」，不只是張開口發音，把字和句子倒出來，話語中還要有情緒、感受，才會說出一種「畫面感」。適度利用音量的大或小、音調的高或低、語氣的輕或重、語調的快或慢，就可以讓說故事的言語中充滿魔法。

至於該大聲或小聲、要高音或壓低聲音、要放輕聲音或加重音、該說快還是慢？其實不難判斷！只要假設自己就是故事中的角色，當你很開心時，聲音必然是較大聲、向上揚而有精神的，甚至因為興奮而顯得過快；當你傷心、懊惱或猶豫不決時，聲音就和開心時截然不同了，音量會比較微弱，速度是緩慢甚至一句話當中有好幾次停頓。

透過以上的表現，說故事的話語就會富有節奏感，這是最基本的魔力，能抓住聽者的心。另外一種節奏的表現，則是故事當中有音樂的擬聲字或是咒語。音律和咒語最令孩子著迷，如果唸得平淡無味，就可惜了作者的安排。例如，在《樹葉車票》中，一群化身為人類的狸貓，在夜裡搭火車從海邊到深山裡聚會，牠們拍打圓滾滾的肚子發出鼓聲，在夜色裡跳舞，那一段是這麼寫的：

砰咚　砰咚　砰咚砰咚

聽著肚子鼓，不知道為什麼
就開心的跟著跳起舞來。

如果不加重音、沒有快慢、高低變化，只是沒有抑揚頓挫的唸出來，很難讓聽故事的人感受到故事中歡樂的氣氛。聽著平淡的聲音，對照看著歡騰的圖，會有股「不知道狸貓們在開心什麼」的違和感。相反的，若話語中有節奏感，對節奏敏感的孩子可能還會跟著律動起來，非常可愛。

另外，故事中如果有咒語，如何唸咒語也很關鍵。對孩子來說，唸幾個怪裡怪氣的字就能變身位移、穿越時空，能力有限的小小身軀可以得到大大的激勵。如果說故事時把咒語唸得全然沒有輕重之分，這個咒語聽起來便不太可靠了。

「巫婆阿妮」系列的故事，在台灣已出版《巫婆阿妮和黑貓阿寶》、《巫婆阿妮的海底假期》、《巫婆阿妮是恐龍迷》等三本。巫婆阿妮在每一本故事中，總是以相同的咒語來讓她的好點子幻化實現，這是最讓孩子欣喜的橋段，也往往是故事轉折的重要之處。當你唸出阿妮最常用的咒語「阿布拉喀噠碰」時，可以盡力試著讓該有的口氣、重音、節奏都做到位，別只是速度音量都持平的唸出「阿布拉喀噠碰」，可以唸成「阿布拉、喀噠、碰」。一來，將這六個字拆成幾個音節可以形成節奏感，二來在最後的「碰」加上重音，也會比持平讀出這六個字還生動有趣許多。甚至在唸「喀噠」時，可將「噠」拉長音，在「碰」說出口之前，營造出一種魔法在醞釀、增強的感覺，則這個咒語的魔法也會更加具有說服力！若這麼描述仍不夠清楚，讓我試著將這句咒語視覺化：

一般讀法（一個字一個字讀，速度音量都沒有變化）：

阿　布　拉　喀　噠　碰

有變化的讀法（利用拆解、拉長音、頓停、重音加強語氣）：

阿布拉　喀噠——————碰！

★眼神的訊息

能應用話語魔法說故事的人，因為更能掌握故事中的情境、角色的情緒，表情也會隨著說故事的語調而有變化。在臉部表情中，雙眼能傳遞的訊息最多，配合著有魔法力量的話語，眼神也要一起跟著「說」故事：驚訝的情節發生時，眼睛就睜得又大又圓，說到懸疑之處或者在講著類似祕密的情節時，雙眼就瞇成細細的兩條線。如果能做到這樣的程度，即使是對著大團體說故事，因為故事已經在你的表情、眼神中表現無遺，以往孩子不斷說「我看不到書」而造成紛亂的情形也會大大減少。

稍早在「說故事的心意」段落裡，曾提到要「注意孩子的身體訊息」，因為說故事不只是「我說、你聽」，不是單向的傳遞和接收。眼神的訊息也是同樣的道理，說故事的人除了注視繪本的文字，以及運用眼神的變化加強故事的生動性之外，還應該保留一些注意力，用以接收孩子眼睛裡透露的訊息。除了在「注意孩子的身體訊息」提醒的事項以外，也可多留意孩子「視線停留在書頁上的位置」。

當孩子的視線特別停留在某個地方，很可能是孩子對那個部分特別感興趣、特別關心，甚至因為有些擔心而無法轉移視線。這當中透露出來的訊息，或許是孩子「入戲」頗深，也或許是孩子連結到自身的生活經驗。說故事的人可以多描繪孩子注視的部分，甚至依據自己與孩子相處時的觀察，透過提問，幫助孩子說出心中的感受。

另外，還有一個可能性，則是我們可以從孩子的觀察力中學習的。有時孩子視線特別停留的地方，可能藏了一些小小的線索，說不定是說故事的成人完全沒發現的。跟著孩子一起看書，用心的成人也常有機會成為一個學習者，在孩子的觀察或異於我們的觀點裡得到啟發，甚至對故事產生不同的感動。

多年前我曾在中輟學園兼課，某次帶著陳致元的《Guji Guji》為這群大孩子說故事，平時看起來浮躁的幾個大孩子都聽得很專注，漸漸變回小孩子的模樣。故事的中段，被鴨子收養的小鱷魚正在自我認同的混淆和澄清之間苦苦拉鋸，他本來難過的說：「我不是鴨子，而是一隻壞鱷魚」，還自棄的對著湖面高舉前爪，做出一個兇惡的表情，但是湖面卻映照出一隻鴨子的輪廓，這個倒影讓他心開意解。小鱷魚笑了起來，並且說：「我不是鱷魚，也不是鴨子，我是鱷魚鴨」。說到這裡，看著寓意深切的圖，幾個聽故事的大孩子也都滿意的笑了。

說到最後一頁，其中一個大孩子的眼光忽然定在書上一角，因為他發現這一頁和小鴨子同行的小鱷魚，在小水窪中的倒影又變成了鴨子的樣子。在他發現之前，我並沒有注意到，因為這個新發現，讓我對故事有更深的感動。兩次倒影的安排，其實是很不同的，第一次的畫面只有小鱷魚，標示的是小鱷魚自己的身分認同，第二次的畫面則是小鱷魚和小鴨子一起走著，他們的倒影都是一樣的，象徵了鴨子家族的接納。兩相對照來解讀，彷彿有一句沒有說出來的潛台詞是：「雖然我們外貌如此相異，但是你就是我們的家人，在我們心底沒有什麼不同」。

這是我從聽故事的孩子的眼中獲得的寶藏！如果只顧著自己說故事，而錯過孩子的觀察和發現，多可惜。所以，說故事時務必多加留意孩子眼神中的訊息。

★互動的調味

每每在說故事的培訓課程中，我都會將故事中的「互動」形容為故事的「調味料」，鼓勵說故事的人可以在故事進行當中嘗試加入一些這種調味料。所謂的「互動」，不是指中斷故事去玩遊戲、跳律動，這麼做的話，故事會變得太「重口味」。孩子當然會玩得很開心，問題就在於孩子會玩得太開心，導致故事的氛圍和流動感不見了。玩過遊戲、跳過舞之後，要孩子再回到故事中也非常不容易。

「互動」指的是根據故事的情節，和孩子「動手動腳」或動動腦發揮創意，是很簡單的、不刻意的，最好是在幾個動作或問答之間就能完成。

舉例來說，長新太的《高麗菜弟弟的星期天》是孩子很愛的無厘頭作品，好笑、驚奇但又出奇的溫暖。故事是說，高麗菜弟弟在路上遇見肚子餓得發昏的豬小弟，就在高麗菜弟弟要被豬小弟吃掉之際，謎樣的三隻大白貓不斷向豬小弟招手說：「歡迎光臨，歡迎光臨，這裡有好吃的東西喔——」豬小弟和高麗菜弟弟跟著牠們走，三隻大白貓一度變出一片高麗菜田，但豬小弟一口都還沒嘗到就全部消失不見。三隻大白貓離開之前，又再變出滿山遍野的豬，難道要豬小弟吃豬嗎？下一頁的文字是這麼寫的：

所有的豬又消失了。

高麗菜弟弟問：「豬小弟，你會吃豬嗎？」

豬小弟說：「我不吃豬，也不吃豬排。」

通常故事說到這裡，孩子已經笑得東倒西歪，有一次我為當時三歲的外甥女說這個故事，說到這一段時，靈光一閃，臨時加入一個小小的互動，想要延續這一頁的趣味。讀完豬小弟說的「我不吃豬，也不吃豬排」之後——

「豬小弟，那你吃豬耳朵嗎？」我伸出手指捏外甥女的耳朵這麼說。

「不吃！」小丫頭用手掌摀住雙耳，咯咯咯的笑不停。

「那你吃……豬鼻子嗎？」我用手指輕輕碰一下她的鼻子。

「不吃！」小丫頭又是咯咯的笑。

「那你吃……」我這句話還沒說完，小丫頭化被動為主動了——

「那豬舅舅，你吃豬頭髮嗎？」她輕輕拉著我的頭髮，笑得話說得不太清楚。

「不吃！我不吃豬頭髮。」不管豬有沒有頭髮，我也咯咯的笑。

「那、那、那你吃……豬……豬屁股嗎？」小丫頭笑得上氣不接下氣，指著我的屁股說。

「我不吃豬屁股，雖然有洗乾淨但是我也不吃！」我說。

在故事中穿插一點點小互動，有什麼好處呢？當孩子稍微分心時，可以把孩子帶回故事的情境裡；當孩子在某個段落聽得興致高昂時，也可以透過小互動在那個段落稍作停留，任由餘韻在心中綿延。

故事中的小小互動並不是說故事要有的基本流程，也沒有一定的方法或步驟，只有幾個原則，把握住大方向即可，包含：

1. 時間不宜過長、也不必過度頻繁，畢竟故事還是主角，不要喧賓奪主。
2. 必須和故事的情節、對話或圖片有關聯，以免讓故事失焦。
3. 若孩子表現出對小互動不感興趣的樣子，請別堅持要繼續玩，也不必有失落感。可能是你的故事說得真好，孩子渴望知道故事的發展，不希望中斷；也可能是孩子覺得當時的互動有些幼稚，那也值得高興，表示孩子更成熟了。

如果是團體說故事，可以在事前準備時先行構思小互動備用；但若是家庭中的親子共讀，事先準備就太不符合常理了！只要在說故事時一心一意、全心全意，同時注意孩子的身體和眼神訊息，心之所至，自然就能隨機發展出有趣的小互動。總之，「互動的調味」其實是在你與孩子的默契之下所發明的獨家互動，透過這樣的互動，能將故事調出自家的氣味。

再舉一例，不必「動手動腳」，而是動動感官、動動腦的小互動。假如你為孩子說的是和麵包有關的故事，像是《大猩猩的麵包店》、《野貓軍團烤麵包》，在適合的時機，也可以將鼻子湊近孩子，把孩子當作麵包聞一聞，並問孩子：「好香啊！你是什麼口味的麵包呢？」孩子回答以後，你還可以說：「可以讓我咬一口嗎？」光是這樣，也能讓孩子被逗得好開心，故事也會飄著想像的麵包香。

未來孩子長大了，若無意間翻出家中的這本老繪本，也許還會想起那時依偎在你身邊彷彿聞到的麵包香氣，以及——你為他說故事、陪伴他成長的氣味。這就是這個段落想談的「調味」，加入你的心意所調出來的，將會是屬於你和孩子的，家的親密氣味。

5 融入生活教養的故事心意

抱著想與孩子分享好故事的心意，而不是將繪本當作治療的藥方或是教材，所有說故事的點點滴滴，都能成為親子互動的信手拈來可用的資源。無論是繪本的書名、情節或故事中的句子，或是你用心表現在話語中的魔法、因故事情節而隨機發展的小小互動，都有機會成為親子之間的「密語」，讓親子的對話更有趣味，也能將生活中的教養、行動的指導轉化得更好玩。

我曾走在一對親子的身後看過一個實例，在狹窄的人行道上，迎面走來一大群熱切聊天、沒有注意到對向行人「路權」的中學生，媽媽要孩子靠邊讓路，她說：「來！我們讓路給小鴨子！」孩子立刻開心一躍，站在人行道的邊上等，看著那群身穿制服的中學生，好像目送一群羽色相同的鴨子一樣，讓不得不的等待也興味盎然。

這句話的出處，是一九四二年得到美國凱迪克金獎的作品《讓路給小鴨子》的書名，想必是這對親子曾經共讀過的故事，才能有此等默契。當這位媽媽要孩子讓路時說「來！我們讓路給小鴨子」，肯定會比「讓你走旁邊一點聽不懂嗎？要我講幾次？等一下被撞到再哭我就不理你了」要有趣且有效得多了吧！這都是親子共讀可以帶來的……與其說是效果，不如說是美好的餘韻，是說故事的心意一點一滴積累而來的。

至於說故事的技巧，相信你能在說故事的心意之中，探索出一種又一種。最後到底能不能到達一〇一種，便不是那麼重要的事了。

後記

增訂篇竟又選出將近450本書，相當可觀，畢竟108課綱有十九個議題啊。希望這本書能夠成為教師在課程設計的助力，家長為親子共讀選書時，也有更多選擇。

不過，即使近幾年對於繪本在教育、教養工作上的「可用性」受到關注，我仍希望提醒使用應有限度，尤其是家庭內的共讀。「限度」不是指閱讀本身的數量，而是我們在文本之外的說教或教導。保持閱讀的樂趣是第一要緊的，若壞了閱讀的胃口，實在得不償失。

最後，請容我藉此書再版增訂的機會，向恩師歐用生教授致上最深的感謝與懷念，他常說課程是師生的共舞，也是一段旅程，當年我未竟的博士論文以「課程隱喻之探究」為題，受恩師啟發與鼓勵甚多。因此，我也想特別借恩師的智慧之語作為本書增訂的結語：**別只將繪本當作工具，請讓美好的故事圖文，成為你與孩子共舞時播放的樂曲，為你們共度的時光增色。**

附錄 本書引用書單（依照章節）

書名	出版社	作繪者	108 課綱議題
一、我喜歡我自己			
《大鯨魚瑪莉蓮》	米奇巴克	大衛．卡利／桑妮亞．波瓦	生命教育
《短耳兔》	親子天下	達文茜／唐唐	生命教育
《不一樣，超神氣》	小魯	G.V. 傑納頓	生命教育
《大象艾瑪》	和英	大衛．麥基	生命教育
《一粒種籽》	玉山社	劉旭恭	生命教育
《我就是喜歡我》（《Frog Is Frog》）	啟思	Max Velthuijs（馬克思．維特惠思）	生命教育
《小鱷魚，最怕水》	格林	梅莉諾	生命、生涯規劃教育
《想要大受歡迎的鯊魚》	大穎	片平直樹／山口真生	生命、生涯規劃教育
《如果有一天》	小典藏	勞拉．路克／馬克．布塔方	生命教育
《沒毛雞》	和英	陳致元	生命教育
《恐怖的頭髮》	三之三	傑洛德．羅斯	生命教育
《小蜘蛛維德莉》	水滴	戴安娜．安芙特／瑪蒂娜．馬多斯	生命教育
《葛斯巴》	鹿橋	艾瑞克．巴圖	生命教育
《說自己笨的笨笨鴨》	大穎	布麗塔．泰肯特拉普	生命教育
《騎士與公主》	維京	古都勒／克勞德．杜伯瓦	生命教育
《企鵝到底會什麼？》	阿布拉	艾力克斯．拉提蒙	生命教育
《我的名字叫葉子》	維京	菅野裕子／江頭路子	生命教育
二、各種男孩和各種女孩			
《愛花的牛》	遠流	曼羅．里夫／羅伯特．勞森	性別平等教育
《威廉的洋娃娃》	遠流	夏洛特．佐羅托／威廉．潘訥．杜．波瓦	性別平等教育
《奧力佛是個娘娘腔》	三之三	湯米．狄咆勒	性別平等教育
《薩琪到底有沒有小雞雞》	米奇巴克	提利．勒南／戴爾飛	性別平等教育
《鐵漢（也有情感）》	新雅	基斯．尼格利	性別平等教育

《灰王子》	格林	巴貝・柯爾	性別平等教育
《頑皮公主不出嫁》	格林	巴貝・柯爾	性別平等教育
《頑皮公主不上學》	格林	巴貝・柯爾	性別平等教育
《紙袋公主》	遠流	羅伯特・繆斯克／邁克・馬薛可	性別平等教育
《奧莉薇：再見夢幻公主》	格林	伊恩・福克納	性別平等教育
《我的娃娃朋友妲莉雅》	水滴	芭芭拉・麥克林托克	性別平等教育
《海倫太太的客人》	阿布拉	伯納・費里歐／瑪嘉莉・呂什	性別平等教育
《了不起的妳》	小魯	瑪莉・霍夫曼／卡洛琳・賓區	性別平等教育
《在足球比賽跳芭蕾的麥特》	韋伯	安・凱特琳・貝爾	性別平等教育
《一家三口》	小魯	賈斯汀・理查森／彼得・帕內爾	家庭教育
《為什麼不能有女醫生？美國第一位女醫生的故事》	維京	譚亞・李・史東／瑪尤莉・普萊斯曼	性別平等、生涯規劃教育
《薩琪不想當空中小姐》	米奇巴克	提利・勒南／戴爾飛	性別平等、生涯規劃教育
三、對愛渴望			
《被生下來的孩子》	青林	佐野洋子	家庭教育
《抱抱我》	三民書局	西蒙娜・希洛羅	家庭教育
《大吼大叫的企鵝媽媽》	親子天下	尤塔・鮑爾	家庭教育
《有你有我》	時報	莉莉・拉洪潔	家庭教育
《有一天》	親子天下	艾莉森・麥基／彼得・雷諾茲	家庭教育
《我們去釣魚》	小魯	邱承宗	家庭教育
《因為我愛你》	聯經	李如青	家庭教育
《背影》	聯經	孫心瑜	家庭教育
《狼寶寶》	小典藏	安・黛克蔓／澤切里亞・歐哈拉	家庭教育
《肚臍的洞洞》	遠流	長谷川義史	家庭教育
《媽咪怎麼了？》	聯經	陳盈帆／陳又凌	家庭教育
《穿過隧道》	遠流	安東尼・布朗	家庭教育

書名	出版社	作繪者	108 課綱議題
《爸爸，你愛我嗎？》	三之三	史蒂芬・麥可・金	家庭教育
《永遠愛你》	和英	羅伯特・蒙施／陳致元	家庭教育
《彼得的椅子》	上誼	艾茲拉・傑克・季茲	家庭教育
《把弟弟吃掉》	小兵	施政廷	家庭教育
《說 **100** 次我愛你》	小魯	村上詩子／大島妙子	家庭教育
《因為寶寶笑了》	親子天下	大成由子	家庭教育
《我的弟弟跟你換》	台灣東方	珍・歐梅洛德／安德魯・喬尼爾	家庭教育
《媽媽，你會永遠愛我嗎？》	維京	凱瑟琳・勒布朗／伊芙・薩雷特	家庭教育
四、不夠好，卻也夠好的家			
《山丘上的石頭》	道聲	大衛・麥基	家庭教育
《最好的地方》	三之三	蘇珊・梅朵	家庭教育
《全世界最棒的房間》	道聲	土井香彌	家庭教育
《媽媽的紅沙發》	三之三	威拉・畢・威廉斯	家庭教育
《問候月球上的人》	道聲	艾茲拉・傑克・季茲	家庭教育
《好事成雙》	格林	巴貝・柯爾	家庭教育
《我有兩個家》	小魯	瑪莉安・德・史梅特／妮可・塔斯瑪	家庭教育
《**Rainy Day**》	**Lerner Publications**	**Emma Haughton ／ Angelo Rinaldi**	家庭教育
《天國的爸爸》	維京	長谷川義史	生命教育
《媽媽做給你》	維京	長谷川義史	家庭教育
《媽媽，打勾勾》	小魯	陶樂蒂	家庭教育
《阿文的媽媽噴火了》	阿布拉	皮雅・林登堡	家庭教育
《那天來的鯨魚》	阿布拉	班傑・戴維斯	家庭教育
《艾莉森的家》	台灣東方	艾倫・賽伊	家庭教育
《帶方方看醫生》	小天下	櫻世界	家庭教育
《媽媽爸爸不住一起了》	遠流	凱絲・史汀生／南希・路・雷諾茲	家庭教育
《紅氣球》	格林	楊惠中	家庭教育

《Guji Guji》	信誼	陳致元	家庭教育
《你來了，我們就變成一家人》	大穎	阿涅特・希爾德布蘭特／阿爾穆特・庫努特	家庭教育
《鬥牛犬賈思登》	小熊	凱莉・狄普喬／克里斯汀・羅賓遜	家庭教育
《巴夭人的孩子》	信誼	彭懿	海洋教育
五、心的氣象台			
《山田家的氣象報告》	維京	長谷川義史	家庭教育
《小傢伙》	道聲	昆丁・布雷克	家庭教育
《你的心情好嗎？》	維京	安東尼・布朗	家庭教育
《彩色怪獸》	三采	安娜・耶拿絲	家庭教育
《My Blue Is Happy》	Candlewick Press	Jessica Young ／ Catia Chien	家庭教育
《菲菲生氣了——非常、非常的生氣》	三之三	莫莉・卞	家庭教育
《野獸國》	漢聲	莫里斯・桑達克	家庭教育
《Eric the Boy Who Lost His Gravity》	Blue Apple Books	Jenni Desmond	家庭教育
《派弟是個大披薩》	維京	威廉・史塔克	家庭教育
《貝蒂好想好想吃香蕉》	親子天下	史帝夫・安東尼	家庭教育
《阿松爺爺的柿子樹》	道聲	須藤麻江／織茂恭子	家庭教育
《Pardon Me! 》	Simon & Schuster Books	Daniel Miyares	家庭教育
《皮皮貓：我愛我的白布鞋》	台灣東方	艾瑞克・李文／詹姆士・迪恩	家庭教育
《皮皮貓和他的四顆帥鈕扣》	台灣東方	艾瑞克・李文／詹姆士・迪恩	家庭教育
《橘色的馬》	小魯	劉旭恭	家庭教育
《傑布龍的紅氣球》	水滴	愛麗絲・布希耶、阿給／奧立維・菲利波諾	家庭教育
《愛哭公主》	親子天下	賴馬	家庭教育
《生氣王子》	親子天下	賴馬	家庭教育
《生氣是怎麼一回事？》	大穎	安娜・卡琳・柯爾貝里／尤安娜・魯賓・德朗厄爾	家庭教育
《心情很差的巨人》	韋伯	內夫／沙利	家庭教育

書名	出版社	作繪者	108 課綱議題
《不要！我不要！》	台灣東方	瑪莉・伊莎貝爾・卡里耶／雅妮克・馬松	家庭教育
《不要不要超人》	小熊	秋山匡	家庭教育
《好消息 壞消息》	三之三	傑夫・麥可	
《生氣！》	青林	中川宏貴／長谷川義史	家庭教育
六、生命的終點站			
《當鴨子遇見死神》	大穎	沃夫・艾卜赫	家庭教育
《獾的禮物》	遠流	蘇珊・巴蕾	家庭教育
《害怕受傷的心》	格林	奧立佛・傑法	家庭教育
《回憶樹》	維京	布麗塔・泰肯特拉普	家庭教育
《大象的背影》	維京	秋元康／**Izuru Aminaka**	家庭教育
《爺爺的天堂島》	采實	班傑・戴維斯	生命教育
《**The Purple Balloon**》	**Schwartz & Wade**	**Chris Raschka**	家庭教育
《再見，愛瑪奶奶》	和英	大塚敦子	家庭教育
《豬奶奶說再見》	台灣東方	瑪格麗特・威爾德／藍・布魯克斯	生命教育
《跟小鳥道別》	玉山社	瑪格麗特・懷茲・布朗／克里斯汀・羅賓遜	生命教育
《跳舞》	維京	理查・保羅・伊凡斯／喬納森・林頓	生命教育
《化為千風》	小魯	新井滿／佐竹美保	生命教育
《蜉蝣的一天》	道聲	珍妮・威利斯／湯尼・羅斯	生命教育
《花狗》	小魯	陶樂蒂（故事：黃郁欽）	生命教育
《熊與山貓》	小天下	湯本香樹實／酒井駒子	生命教育
《奶奶只是想睡覺》	台灣東方	梅蘭尼・佛羅瑞安	生命教育
《爺爺到底有沒有穿西裝？》	格林	艾蜜麗・弗利德／傑基・格萊希	生命教育
《小傷疤》	聯經	夏洛特・孟莉克／奧利維耶・塔列克	生命教育
《晴子的黃色爸爸》	信誼	王淑慧	生命教育
《我好想妳，媽媽》	水滴	蕾貝卡・寇柏	生命教育
《小兔子奧布拉》	玉山社	艾茲碧塔	生命教育

《我的小小朋友》	聯經	凱蒂・克羅瑟	生命教育
《媽媽變成鬼了》	小熊	信實	生命教育
《爺爺的天堂筆記本》	三采	吉竹伸介	生命教育
七、碰撞與體驗			
《橡皮頭蹦太郎》	青林	長新太	
《走進生命花園》	米奇巴克	提利・勒南／奧立維・塔列克	生命教育
《企鵝的故事》	阿布拉	安東尼特・波第斯	
《一直一直往下挖》	親子天下	麥克・巴奈特／雍・卡拉森	
《探黑》	小魯	廖書荻	
《航海小英雄》	小天下	葛瑞米・貝斯	
《我可以抱抱月亮嗎？》	滿天星	凱瑞・布朗／麗莎・史都華	
《我是抱抱機》	維京	史考特・坎貝爾	
《森林裡的鋼琴師》	維京	大衛・里奇斐德	生命教育
《我不想坐在椅子上》	三采	戴爾芬・佩雷	生命教育
《The Police Cloud》	Schwartz & Wade	Christoph Niemann	生命教育
《脫不下來啊》	三采	吉竹伸介	
《看海的青蛙》	閣林	蓋伊・比洛特	
《別擔心，我保護你》	格林	馬克・史柏林／蓮恩・馬洛	
《跌倒了，沒關係》	上誼	陶德・帕爾	
《11隻貓別靠近袋子》	道聲	馬場登	安全教育
《小茶壺》	阿布拉	渡邊悅子	
《孫小空72變》	小典藏	湯姆牛	品德教育
《小杉和熱氣球》	滿天星	菲立普・史戴	
八、從我到我們			
《祕密》	阿布拉	艾立克・巴圖	
《一顆紅蘋果》	格林	岩村和朗	
《蘋果是我的》	親子天下	福田直	品德教育

書名	出版社	作繪者	108 課綱議題
《愛心樹》	水滴	謝爾・希爾弗斯坦	
《巫婆阿妮和黑貓阿寶》	青林	韋樂莉・湯瑪士／柯奇・保羅	品德教育
《豬先生和他的小小好朋友》	米奇巴克	艾力克斯・拉提蒙	品德教育
《當我們同在一起》	青林	瑟巴斯帝安・麥什莫澤	
《小熊可可》	上誼	唐・菲力曼	
《小蝙蝠找朋友》	台灣東方	莎拉・戴爾	
《為什麼你看不見里歐》	三采	麥克・巴奈特／克里斯汀・羅賓遜	
《獅子與兔子大對決》	米奇巴克	艾力克斯・拉提蒙	安全教育
《鱷魚艾倫又大又可怕的牙齒》	維京	賈尼斯	安全教育
《輪椅是我的腳》	台灣東方	法蘭茲－約瑟夫・豪尼格	
《啄木鳥女孩》	巴巴	劉清彥、姜義村／海蒂朵兒	
《藍弟的翅膀》	台灣東方	派崔克・葛斯特／丹妮拉・傑曼	
《亞斯的國王新衣》	巴巴	劉清彥、姜義村／九子	
《3號公寓》	遠流	以撒・傑克・濟慈（艾茲拉・傑克・季茲）	
《市場街最後一站》	小天下	馬特・德拉佩尼亞／克里斯汀・羅賓遜	家庭教育
《安靜也可以美麗》	和英	黃立佩	
《我是一顆小星星》	巴巴	李光福／許匡匡	安全教育
《世界上的此時此刻》	水滴	克洛蒂德・貝涵	國際教育
《山姆第一名》	小魯	葛瑞格・皮佐利	品德教育
《我想要贏》	青林	湯尼・羅斯	品德教育
《跑太快的斑馬》	滿天星	珍妮・戴斯蒙	品德教育
《這是我們的房子》	道聲	邁克・羅森／巴布・葛拉漢	品德教育
《我的亞斯伯格超能力》	三采	梅蘭妮・沃爾什	
《我好壞好壞》	小熊	亞歷山卓・桑納	
《弟弟的世界》	巴巴	劉清彥／陳盈帆	
《誰是蘿蕾特？》	米奇巴克	佛羅倫斯・卡迪耶／史蒂芬・吉海樂	

《一個部落的孩子》	格林	藍・史密斯	
《突突山上的祕密基地》	阿布拉	琳達・莎拉／班傑・戴維斯	
《我不喜歡你這樣對我》	大穎	史蒂芬・柯洛／文生・阮	安全教育
《看不見》	小兵	蔡兆倫	
《年紀最小的班級裡，個子最小的女孩》	維京	賈斯丁・羅伯茲／克里斯汀・羅賓遜	品德、安全教育
九、透過動物的眼睛			
《你最喜歡什麼動物？》	上誼	艾瑞・卡爾等14人	
《小男孩和大魚》	三之三	馬克思・維特惠思	
《Bluebird》	Schwartz & Wade	Bob Staake	生命教育
《謝謝你，美洲豹》	小天下	艾倫・拉賓諾維茨／簡美麟	生命教育
《動物園》	維京	安東尼・布朗	生命教育
《動物園》	阿布拉	蘇西・李	生命教育
《我認識一隻熊》	阿布拉	瑪瑞安娜・瑞茲・強森	生命教育
《馬戲團》	清涼世界	陳芳怡	生命教育
《這隻麋鹿是我的》	格林	奧立佛・傑法	
《再見鵜鶘》	小魯	唐・菲力曼	
《大家來逛動物園》	信誼	阿部弘士	
《樹上有老虎？》	小典藏	安紐許卡・拉維許安卡／普拉克・畢士瓦思	環境教育
《小心有鱷魚！》	小典藏	安紐許卡・拉維許安卡／普拉克・畢士瓦思	環境教育
《黑猩猩的好朋友：珍古德》	維京	貞娜・溫特	
《我…有夢》	格林	派崔克・麥當諾	
《熊啊》	親子天下	星野道夫	
《看見》	小魯	李明足／鄭潔文	環境、安全教育
《酷老師逛動物園》	小魯	高樓方子	
《世界珍奇花園》	遠流	珍妮・布魯／克莉絲佳娜・威廉斯	戶外教育
《大猩猩伊凡》	道聲	凱瑟琳・艾波蓋特／布萊恩・卡拉斯	生命教育
《和我玩好嗎》	遠流	瑪麗・荷・艾斯	生命教育

書名	出版社	作繪者	108 課綱議題
《男爵的鳥巢箱》	小天下	金晃／李承源	環境、生命教育
《過…過…過馬路》	玉山社	陳潤芃	環境教育
《大象在哪裡》	小魯	巴胡	環境教育
《海星在哪裡》	小魯	巴胡	環境、海洋教育
《輕輕呼氣小白鯨》	上誼	史考特・馬谷	
十、環境的議題，生存的課題			
《喂！下車》	遠流	約翰・伯寧罕	環境教育
《浮冰上的小熊》	維京	安德魯・德翰	環境、海洋教育
《天空小熊》	小魯	加藤真治	環境、海洋教育
《白熊》	台灣東方	李美靜	環境、海洋教育
《北極熊的一天》	維京	席拉・海德	環境、海洋教育
《全世界最窮的總統爺爺來演講》	如何	艸場よしみ／中川学	環境教育
《從山裡逃出來．垃圾，丟啊》	親子天下	田島征三	環境教育
《鼴鼠鎮》	滿天星	托本・庫爾曼	環境教育
《山豬伕如》	桃園市政府文化局	王清龍／伊誕・巴瓦瓦隆	環境教育
《承諾》	維京	妮可拉・戴維斯／羅拉・卡爾琳	環境教育
《樹真好》	上誼	珍妮絲・梅・尤德里／馬克・西蒙	環境教育
《樹知道》	道聲	鄭夏攝／韓聖玉	環境教育
《大木棉樹：亞馬遜雨林的故事》	和英	林妮・伽利	環境教育
《再見小樹林》	格林	嚴淑女／張又然	環境教育
《大樹，你給我記住》	步步	佐野洋子	環境教育
《一起去看海》	和英	陳玉金／呂游銘	海洋教育
《山的禮物》	大穎	武鹿悅子／末崎茂樹	環境教育
《5隻小紅怪》	遠流	莎拉・黛爾	環境教育
《北極熊搶救家園》	幼獅	珍・戴維斯・沖本／耶利米・崔梅爾	環境、海洋教育
《森林是我家》	格林	大衛・卡利／吉恩・弗利	環境、防災教育

《更少得更多》	格林	郝廣才／何雷洛	環境教育
《靜靜的群山》	格子外面	謝武彰／施政廷	戶外教育
《森林和海的相遇》	親子天下	珍妮・貝克	環境、海洋教育
《春神跳舞的森林》	格林	嚴淑女／張又然	原住民族教育、多元文化教育
《恐龍和垃圾》	漢聲	邁克福曼	環境教育
《美麗的家園》	青林	刀根里衣	環境教育
《你睡著了嗎？》	小魯	邱承宗	環境教育
《叢林之王》	台灣東方	工藤紀子	環境教育
十一、繪本裡的歷史課			
《福島來的孩子》	玉山社	松本猛／松本春野	能源教育
《看不見的炸彈》	玉山社	高橋美子／加藤早人	能源教育
《總有一天，想回去我的故鄉》	親子天下	大塚敦子	能源教育
《我沒有哭》	玉山社	陶樂蒂	能源教育
《好東西》	小魯	黃郁欽	能源教育
《菠菜在哭》	維京	鎌田實／長谷川義史	能源教育
《希望牧場》	小魯	森繪都／吉田尚令	能源教育
《當風吹來的時候》	漢聲	雷蒙・布力格	能源教育
《兔子》	繆思	約翰・馬斯坦／陳志勇	
《靴子的行進》	譯林	和歌山靜子	
《敵人》	米奇巴克	大衛・卡利／沙基・布勒奇	
《福隆與妙賽德》	玉山社	艾姿碧塔	
《大衛之星》	格林	范德齊／羅伯特・英諾桑提	法治教育
《鐵絲網上的小花》	格林	羅伯特・英諾桑提	法治教育
《請不要忘記那些孩子》	遠流	加娜・拜亞茲・阿貝爾斯	法治教育
《The Tree in the Courtyard》	**KNOPF**	**Jeff Gottesfeld ／ Peter McCarty**	法治教育
《大樹也哭了》	大穎	伊蓮・柯恩－容卡／莫里左・葛雷羅	人權、法治教育

書名	出版社	作繪者	108 課綱議題
《喵喵鳥》	三采	雷米・古瓊	人權教育
《**Azizi and the Little Blue Bird**》	**Book Island**	**Laila Koubaa ／ Mattias De Leeuw**	法治教育
《阿嬤的碗公》	玉山社	吳在媖／黃祈嘉	人權教育
《空中的飛船》	維京	昆汀・布雷克	人權、國際教育
《不能靠近的天堂》	聯經	李如青	海洋教育
《星期三書店》	聯經	思樂薇・尼曼／奧利維耶・塔列克	品德教育
《不要叫我秀子了》	玉山社	於保誠	多元文化教育
《綿羊王路易一世》	道聲	奧利維耶・塔列克	法治教育
《我吃拉麵的時候……》	遠流	長谷川義史	人權、國際教育
《希望小提琴》	小天下	幸佳慧／蔡達源	人權、法治教育
《牆的另一邊》	遠流	洛虹絲・富吉耶／伊莎貝拉・佳莉葉	國際教育
《一塊一塊來》	格林	朱里安諾	
《馬拉拉和伊克巴勒》	愛米粒	貞娜・溫特	人權、國際教育
說故事的心意、心意與心意			
《你想聽故事嗎？》	道聲	菲立普・史戴／艾琳・史戴	
《生命的故事：演化》	遠流	凱蒂・史考特	
《噠酷唧嚧 噠酷唧嚧……最早的歌……》	遠流	貝瑞斯托夫／阪田寬夫／長新太	
《恐龍和垃圾》	漢聲	邁克福曼	
《樹葉車票》	台灣東方	間瀨直方	
《高麗菜弟弟的星期天》	青林	長新太	
《大猩猩的麵包店》	小魯	白井三香子／渡邊秋夫	
《野貓軍團烤麵包》	台灣東方	工藤紀子	
《讓路給小鴨子》	國語日報	羅勃・麥羅斯基	

附錄 2020 增訂新篇書單

書名	出版社	作繪者	備註
性別平等教育			
《胡利安是隻美人魚》	三民書局	潔西卡・洛夫	
《蝸牛小ㄕㄢ是男生或女生》	玉山社	瑪莉亞・鮑沃芙斯卡、雅各・沙曼維克／卡塔吉娜・波古茲卡	
《爸爸的室友》	大家	麥可・威爾霍特	
《她有兩個爸爸》	青林	梅爾・艾略特	
《為什麼你有兩個媽媽？》	狗狗	弗朗西絲卡・帕迪／安娜莉莎・聖馬提諾、葛莉亞・托雷利	
《為什麼你有兩個爸爸？》	狗狗	弗朗西絲卡・帕迪／安娜莉莎・聖馬提諾、葛莉亞・托雷利	
《國王與國王》	青林	琳達・德韓、斯特恩・奈蘭德	
《國王與國王與他們的家》	青林	琳達・德韓、斯特恩・奈蘭德	
《蚯蚓愛蚯蚓》	聯經	J. J. 奧斯泉／麥克・克拉多	
《波卡和米娜：踢足球》	步步	凱蒂・克羅瑟	
《我是女生》	台灣東方	雅思敏・伊斯梅爾	
《海上的潘妮》	三民書局	荷瑪・希爾文特／勞爾・谷瑞迪	
《小紅帽》	阿布拉	貝森・伍文	
《長髮公主》	阿布拉	貝森・伍文	
《不一樣的仙杜瑞拉》	維京	大衛・卡利／菈菲爾・芭芭奈格	
《敲打夢想的女孩》	小典藏	馬格麗塔・因格／拉菲爾・羅佩茲	
《數星星的女孩》	維京	羅馬娜・洛瑪尼新、安德瑞・雷西夫	
《世界不是方盒子：普立茲建築獎得主札哈・哈蒂的故事》	小典藏	貞娜・溫特	
《黑猩猩的好朋友：珍・古德》	維京	貞娜・溫特	

書名	出版社	作繪者	備註
《水公主：喬琪・巴迪爾的真實故事》	道聲	蘇珊・維爾德／彼得・雷諾茲	
《馬拉拉的魔法鉛筆》	愛米粒	馬拉拉・優薩福扎伊／**Kerascoët**	
《超越自我的時尚女王：可可・香奈兒》	維京	伊莉莎白・馬修斯	
《家族相簿》	和英	席薇亞・戴娜、提娜・克莉格／烏麗可・柏楊	
《蝴蝶朵朵》	字畝	幸佳慧／陳潔晧、徐思寧	
《必須說出的祕密！》	小魯	詹妮・桑德斯／克雷格・史密斯	
《請不要摸我的身體》	韋伯	黛瑪・蓋斯勒	
《喜歡妳，為什麼不能抱抱妳》	童夢館	李賢惠	
《不要就是不要》	小魯	詹妮・桑德斯／潔麗・查瑪金	
《你可以說不》	小熊	貝蒂・博嘉荷多／河原麻里子	
《你不可以隨便摸我》	大穎	珊蒂・克雷文／茱蒂・柏斯瑪	
人權教育			
《人人生而自由》	聯經	約翰・伯寧罕等人	
《人，你有權利》	玉山社	瑪格澤塔・凡葛潔茨卡、伊沃娜・札別絲卡－斯達德尼克	
《**Dreams of Freedom**》	**Frances Lincoln Children's Books**	**Anne Frank** 等人／ **Oliver Jeffers** 等人	
《我是小孩，我有權利》	字畝	阿朗・賽赫／奧黑莉婭・馮媞	
《天下的孩子都是一樣的》	東方	大衛・史密斯／席拉・阿姆斯壯	
《謊言的故事》	三之三	姜景琇	
《旅程》	字畝	法蘭切絲卡・桑娜	
《四隻腳，兩隻鞋》	小天下	凱倫・威廉斯／道格・查伊卡	
《天空之王》	步步	妮可拉・戴維斯／羅拉・卡爾琳	
《戰爭來的那一天》	水滴	尼古拉・戴維斯／蕾貝卡・寇柏	
《再見，我美麗的鳥兒：一個敘利亞難民小孩的故事》	小魯	蘇珊・德爾・里索	
《候鳥：季節性移工家庭的故事》	字畝	梅芯・托提耶／伊莎貝爾・阿瑟諾	

《艾瑪・媽媽》	小魯	孫心瑜	
《為什麼會有難民與移民》	親子天下	凱里・羅伯茲／漢娜尼・凱	
《安妮・法蘭克：密室裡的女孩》	維京	約瑟芬・普利／安琪拉・芭蕾特	
《布魯卡的日記：波蘭兒童人權之父柯札克的孤兒之家故事》	字畝	齊米雷絲卡	
《好心的國王：兒童權利之父——柯札克的故事》	親子天下	湯馬克・包格奇	
《不肯沉默的公雞》	三民書局	卡門・阿格拉・狄地／尤金・葉爾欽	
《班雅明先生的神祕行李箱》	三民書局	張蓓瑜	
《說好不要哭》	玉山社	吳易蓁／謝璧卉	
《愛唱歌的小熊》	玉山社	吳易蓁／廖佩慈	
《暗夜的螃蟹》	玉山社	魏樂富／潘家欣	
《有色人種》	和英	傑侯姆・胡里埃	
《舞吧！自由之舞》	韋伯	卡蘿・波士頓・惠特福德／古格里・克莉斯蒂	
《為什麼會有種族歧視與偏見》	親子天下	路易絲・史比爾斯布里、凱里・羅伯茲／漢娜尼・凱	
《學校沒有教的公民課》	維京	克萊兒・宋德斯、海瑟・桑赫茲、喬治亞・梅森・布萊德蕭、明娜・撒拉米、米克・史卡利／裘莉・艾弗利諾、大衛・布德班	
《這就是獨裁》	字畝	育苗團隊／米格爾・卡薩爾	
《關於社會階級》	字畝	育苗團隊／尤安・內格雷斯葛羅	
《什麼是民主》	字畝	育苗團隊／瑪爾妲・碧娜	
環境教育			
《小狐狸回家》	米奇巴克	茱莉・湯普森／賈斯汀・湯普森	
《聰明豬的指南書》	好大一間	權廷珉	
《你好，保羅》	剛好	**Sen Woo**	
《三隻熊》	和英	葉安德	
《一隻叫做葉子的北極熊》	維京	珊卓拉・迪克曼	

書名	出版社	作繪者	備註
《森林》	時報	馬可．馬汀	
《野溪怎麼了》	尖端	莊詠婷	
《會生氣的山》	小天下	陳又凌	
《整潔》	小魯	艾蜜莉．葛拉菲特	
《風獅吼》	步步	劉如桂	
《青蛙和河狸》	道聲	賽門．詹姆斯	
《嘰哩咕嚕碰》	小光點	黃郁欽	
《煙囪的故事》	維京	劉旭恭	
《塑膠島》	字畝	李明愛	
《地球為什麼哭了呢？》	大穎	好日記	
《一座小島》	三民書局	伊格麗．賈培特／勞爾．谷瑞迪	
《台北奇幻飛行》	遠流	粘忘凡／孫心瑜	
《上山種下一棵樹》	小天下	杉山佳奈代	
《學校裡的愛心樹》	薪展	安東尼奧．桑多瓦爾／艾米里歐．烏貝魯阿格	
《挖土機與小花》	水滴	約瑟夫．庫夫勒	
《橙瓢蟲找新家》	小魯	李明足／劉貞秀	
《爸爸的祕密基地》	小天下	劉清彥／王書曼	
《小樹苗大世界》	小天下	夢枕獏／山村浩二	
《福斯多的命運》	三民書局	奧立佛．傑法	
《西雅圖酋長的宣言》	維京	西雅圖酋長／蘇珊．傑佛斯	
海洋教育			
《海洋大書 BLUE》	臺灣麥克	烏瓦爾．佐梅爾	
《通往海底的奇妙旅程》	遠流	史提夫．詹金斯	
《最美的海洋…需要我們一起來保護》	小樹	愛曼汀．湯瑪士	
《潛進深海》	維京	中野博美、松澤誠二／友永太呂	
《大海的習題》	維京	中野博美、松澤誠二／友永太呂	

《大家都沒骨頭》	維京	中野博美、松澤誠二／友永太呂	
《藍鯨》	維京	珍妮・戴斯蒙	
《鯨鯊》	即將出版	新宮晉	
《世界上最孤獨的鯨魚》	步步	馬丁・巴茲塞特	
《秀姑巒溪河口漂流記：遙遠的歸鄉路》	聯經	小林豊	
《小維京人》	聯經	李孝珍／克莉絲汀娜・利普卡・札巴羅	
《巴夭人的孩子》	信誼	彭懿	
《海豚不見了：大西洋巴哈馬國的大西洋斑海豚紀實繪本》	小光點	越智隆治	
《小鯨魚找媽媽：南太平洋東加王國的大翅鯨紀實繪本》	小光點	越智隆治	
《一顆海龜蛋的神奇旅程》	遠流	鈴木守	
《黑鮪魚的旅行》	青林	林滿秋／孫心瑜	
《小珊瑚寶寶》	步步	閔芽援	
《鯨魚的眼神》	大穎	珍妮佛・奧康奈爾	
《明天會是好天氣》	水滴	蘿希・伊芙	
《塑膠島》	字畝	李明愛	環境教育曾列入
《積木之家》	張老師文化	平田研也／加藤久仁生	
《捕捉大海的男孩》	維京	**Josef Lee**	
《旗魚王》	聯經	李如青	
《海之生》	青林	立松和平／伊勢英子	
《爸爸的摩斯密碼》	小熊	石麗蓉	
《捉鎖管》	步步	劉伯樂	
《燈塔的一天》	步步	林傳宗	
《今天的魚》	小魯	邱承宗等	
《我的阿公愛買魚》	聯經	楊妙瑛	
《海少年》	玉山社	李長青／**Croter**	

書名	出版社	作繪者	備註
《守護海洋的人魚：雅克．庫斯托》	維京	珍妮弗．伯恩／艾瑞克．普伊巴瑞	
《爸爸是海洋魚類生態學家》	小魯	張東君／陳維霖	
《喬納斯與海》	小典藏	瑪爾里絲．凡．德．威爾	
《海的另一頭》	米奇巴克	五味太郎	
《大海的盡頭在哪裡》	維京	安德烈．伍沙丘夫／雅麗珊德拉．雍格	
《海底深潛大冒險》	三民書局	露西．布雲里耶	
《藍海驚奇》	韋伯	艾莉森．傑伊	
科技教育			
《我做得到！小工程師蘿西》	小天下	安德麗雅．碧蒂／大衛．羅伯茲	
《我做得到！小科學家艾達》	小天下	安德麗雅．碧蒂／大衛．羅伯茲	
《一起動手做箱子車》	韋伯	多羅．格貝爾／彼得．克內爾	
《喬治不能說的祕密》	台灣東方	葛斯．高登	
《拉拉上學又遲到啦》	三民書局	妮可拉．肯特	
《胡斯的修車廠》	青林	雷歐．提姆	
《宇宙掉了一顆牙》	小典藏	郭奕臣／林小杯	
《星空下的願望》	維京	大衛．里奇斐德	
《我是外星人》	米奇巴克	中川宏貴／秦好史郎	
《小月亮》	三采	史都華．克拉克、尼可拉．克拉克／珍妮特．洛	
《小兔子的月球之旅》	小熊	縣秀彥／服部美法	
《好想去月球》	親子天下	松岡徹	
《阿姆斯壯：小老鼠登月大探險》	滿天星	托本．庫爾曼	
《變身吧！太空人》	維京	鄭昌勳／盧仁慶	
《太空的故事》	三采	馬丁．詹金斯／史蒂芬．貝斯提	
《原來太空是這樣子啊》	小魯	手塚明美	
《火箭發射場的一天》	小光點	岩田慎二郎	

《男孩＋機器人》	五南	愛咪．戴克曼／丹．亞克林諾	
《機器人與青鳥》	格林	大衛．盧卡斯	
《做一個機器人，假裝是我》	三采	吉竹伸介	
《超狗一號的中秋任務》	巴巴	王文華／陳姝里	
《Raybot, Adam F. Watkins》	**Penguin Random House LLC**	**Adam F. Watkins**	
《Little Bot and Sparrow》	**Roaring Brook Press**	**Jake Parker**	
《科技的奧祕：從螺絲釘到機器人的原理大透視》	小天下	大衛．麥考利、尼爾．阿德利	
《海底來的祕密》	格林	大衛．威斯納	
《祕密計畫》	親子天下	喬納．溫特／貞娜．溫特	
能源教育			
《我家能源從哪兒來》	三民書局	克里斯．巴特華斯／露西亞．嘉吉奧提	
《電從哪裡來》	韋伯	盧卡斯．阿諾杜森／海琪．海曼特	
《城市下面有什麼》	韋伯	埃絲特．波特／安德列斯．洛薩諾	
《一座小島》	三民書局	伊格麗．賈培特／勞爾．谷瑞迪	環境教育曾列入
《那年春天，在車諾比》	積木	艾曼紐．勒帕吉	
《綠色能源島》	親子天下	艾倫．杜蒙	
《風，往哪個方向吹？綠能環保救地球》	格林	郝廣才／塔塔羅帝	
《勇闖黃金城》	格林	魏徵湯／唐壽南	
《那瑪夏的圖書館》	一方青出版	邱姿蓉／光家有作	
《馭風逐夢的男孩》	維京	布萊恩．米勒／伊莉莎白．祖能	
《怕浪費的奶奶》	三之三	真珠真理子	
《汽車睡覺的一天》	聯經	申惠恩／艾瑞卡．考特里爾	
《停電了》	小天下	約翰．洛可	
《月亮雪酪》	維京	白希那	
家庭教育			

書名	出版社	作繪者	備註
《別傷心，我會陪著你》	大好	科里．杜若菲德	
《不是我，是小怪獸》	格林	西恩．法洛／查理斯．聖多索	
《氣噗噗的小火龍》	布克	羅伯特．斯塔林	
《小捲毛的壞心情》	小天下	雷蒙尼．史尼奇／馬修．佛賽	
《我的弱雞爸爸》	巴巴	王文華／25度	
《我爸爸的工作是大壞蛋》	小光點	板橋雅弘／吉田尚令	
《媽媽變成鴨》	三采	鄭惠文、小巫愛麗／傅馨逸	
《讓我安靜五分鐘》	維京	吉兒．莫非	
《世界上最強壯的媽媽》	三民書局	妮可拉．肯特	
《親愛的媽媽怎麼了？山羊狗狗烏鴉媽媽……》	遠流	卡塔琳娜．譚納／莉西．亞可布	
《別來煩我》	親子天下	薇菈．布洛思寇	
《媽媽的畫像》	台灣東方	劉智娟	
《沒關係，沒關係》	親子天下	伊東寬	
《先左腳，再右腳》	維京	湯米．狄波拉	
《勿忘我》	三民書局	南西．范．拉恩／史蒂芬妮．葛瑞金	
《麒麟湯》	親子天下	張維中／南君	
《陪爺爺空中釣魚》	台灣東方	紀狄恩．斯德爾／波力．伯納丁	
《新鄰居，你好》	宇畝	伊蓮娜．拉塞爾／吉爾．波諾托	
《10層樓的樟樹公寓》	小天下	武鹿悦子／末崎茂樹	
《樟樹公寓的新房客》	小天下	武鹿悦子／末崎茂樹	
《貓頭鷹 蝙蝠》	上誼	瑪麗路易絲．菲茲派翠克	
《我的第一個小豬撲滿》	水滴	孟采．茱妮安／露西亞．瑟蘭諾	
《夏綠蒂的撲滿》	道聲	大衛．麥基	
《一個不能沒有禮物的日子》	和英	陳致元	
《Yard Sale》	Candlewick Press	Eve Bunting, Lauren Castillo	

原住民族教育

《金太陽，銀太陽》	親子天下	賴馬	
《矮靈祭》	格林	薇薇夫人／唐唐	
《賽夏族的故事：懶人變猴子》	遠流	李昂／王家珠	
《泰雅族的故事：神鳥西雷克》	遠流	劉思源／劉宗慧	
《布農族的故事：能高山》	遠流	莊展鵬／李純真	
《排灣族的故事：仙奶泉》	遠流	嚴斐琨／李漢文	
《阿美族的故事：女人島》	遠流	張子媛／李漢文	
《達悟族的故事：火種》	遠流	劉思源／徐曉雲	
《土地和太陽的孩子》	藝術家	伊誕・巴瓦瓦隆	
《百步蛇的新娘》	信誼	姚亘／王淇	
《達羅巴令湖》	麋鹿多媒體	劉嘉路／湯瑪士・瑞杰可	
《泰雅勇士大步向前》	麋鹿多媒體	劉嘉路／湯瑪士・瑞杰可	
《美崙山上有怪物》	麋鹿多媒體	劉嘉路／湯瑪士・瑞杰可	
《回家・回部落》	聯經	莊世瑩／張振松	
《希・瑪德嫩》	台東縣政府	盧彥芬／曹俊彥	
《天上飛來的魚》	步步	劉伯樂	
《小島上的貓頭鷹》	青林	何華仁	
《那魯》	和英	李如青	
《姨公公》	遠流	孫大川／簡滄榕	
《我的獵人爺爺：達駭黑熊》	四也	乜寇・索克魯曼／儲嘉慧	
《伊布奶奶的神奇豆子》	青林	乜寇・索克魯曼／依法兒・瑪琳奇那	
《碳酸男孩》	親子天下	孫梓評／阿力金吉兒	
《泰雅之音》	立言圖書	多馬斯阿漾／黃鈴馨	
《春神跳舞的森林》	格林	嚴淑女／張又然	
《水世界下的故事》	玉山社	周淑琴／彩虹工場畫室	
《風中的小米田》	遠流	鄭宜農／蔡達源	
《達海爺爺的木雕》	玉山社	洪宏／陳彥儒	

書名	出版社	作繪者	備註
《日月潭》	小魯	沙永玲／洪義男	
《從前從前：噶瑪蘭公主與龜將軍》	麥浩斯	蔡曜宇	
品德教育			
《城市的狗》	步步	亞麗珊卓拉·葛希拔／弗列德·本納格利亞	
《吉歐吉歐的皇冠》	小熊	岸田衿子／中谷千代子	
《牙齒獵人》	大穎	曺原希	
《這也太奇怪了吧》	小光點	瑪爾·帕馮／蘿蕾·杜·費	
《你還好嗎》	三之三	金成姬	
《爺爺的神祕巨人》	三民書局	大衛·里奇斐德	
《我也想說實話啊》	三采	提姆·霍普古德／大衛·特茲曼	
《說到做到》	格林	尚·樂洛／馬修·莫德	
《承諾》	維京	妮可拉·戴維斯／羅拉·卡爾琳	
《夏天的禮物》	小典藏	李光福／郭飛飛	
《你看看你，把這裡弄得這麼亂》	水滴	劉旭恭	
《就是奧黛麗》	維京	瑪格麗特·卡迪洛／茱莉亞·戴諾斯	
《金色的盤子》	水滴	貝妮黛·華茲	
《我是國王》	維京	雷歐·提姆	
《動物選總統》	上誼	安德烈·何德里格斯、拉瑞莎·希貝羅、寶拉·德斯奎多、佩德羅·馬昆	
《白鵝露西》	阿布拉	丹尼·貝克／皮帕·庫尼克	
《雪是誰的》	三民書局	安東妮·許奈德／張蓓瑜	
《我們一起玩好嗎》	小光點	海狗房東／Josef Lee	
《世界第一的草莓》	拾光	林木林／庄野菜穗子	
《城市裡的提琴手》	維京	大衛·里奇斐德	
《愛達的小提琴》	字畝	蘇珊·胡德／莎莉·沃恩·康伯特	
《是誰躲在草叢裡》	聯經	鄭潔文	

《森林照相館》	青林	李時遠	
《同一個月亮》	大塊	幾米	
《分享椅》	小天下	香山美子／柿本幸造	
《恐龍小學運動會》	小光點	張元綺	
《馬拉拉的魔法鉛筆》	愛米粒	馬拉拉・優薩福扎伊／Kerascoët	
生命教育			
《花地藏》	維京	海狗房東／楊文正	
《星塵》	米奇巴克	珍妮・威利斯／布萊恩妮・梅・史密斯	
《白貓黑貓》	拾光	菊地知己	
《我是章魚燒，我叫章魚三郎》	維京	長谷川義史	
《小種子》	巴巴	吳在媖／許臺育	
《小希的網不一樣》	小天下	保羅・薩傑克／希爾斯兄弟	
《超級英雄也有糟糕的一天》	三采	雪莉・貝克／艾達・卡邦	
《大海小海浪》	信誼	蕭湄羲	
《腳踏車輪子》	水滴	陳志賢	
《活了100萬次的貓》	步步	佐野洋子	
《巨人的時間》	大塊	馬努葉爾・馬爾索、卡門・奇卡	
《等待》	維京	凱文・漢克斯	
《爺爺的肉丸子湯》	東方	角野榮子／市川里美	
《活著》	步步	谷川俊太郎／岡本義朗	
《飛啊！蝗蟲》	青林	田島征三	
《瑪格麗特的聖誕節》	格林	德佳丹／布蘭雪	
《再見書》	維京	陶德・帕爾	
《媽媽是一朵雲》	巴巴	海狗房東／林小杯	
《一起去動物園》	遠流	林柏廷	
《星空下的等待》	上誼	珊卓拉・迪克曼	
《Life 幸福小鋪》	幼獅	楠茂宣／松本春野	

書名	出版社	作繪者	備註
《也許死亡就像變成一隻蝴蝶》	大穎	皮姆·凡赫斯特／麗莎·布蘭登堡	
《走過艱難時刻》	格林	布萊恩·利斯	
《That's Me Loving You》	**Random House**	**Amy Krouse Rosenthal, Teagan White**	
《北極熊的某一天》	奧林	高惠珍	
《艾飛不見了》	東方	緹拉·黑德爾	
《草莓》	玉山社	新宮晉	
《風到哪裡去了》	遠流	夏洛特·佐羅托	
《坐在世界的一角》	拾光	布蘭登·溫佐	
《天亮之前》	道聲	喬艾絲·席曼／貝絲·科隆斯	
《之後》	步步	樓弘·莫侯	
《今天真好》	阿布拉	理查德·傑克遜／蘇西·李	
《巨大無比的小東西》	三民書局	碧翠絲·阿雷馬娜	
法治教育			
《不可以》	遠流	大衛·麥克菲爾	
《誰都不准通過》	字畝	伊莎貝爾·米荷絲·馬汀斯／柏南多·**P**·卡瓦洛	
《愛說話的荷包蛋》	小魯	寺村輝夫／長新太	
《The King Who Banned The Dark》	**Pavilion**	**Emily Haworth-Booth**	
《亨利去爬山》	維京	**D.B.** 強森	
《不肯沉默的公雞》	三民書局	卡門·阿格拉·狄地／尤金·葉爾欽	人權教育曾列入
《骨頭島》	茉莉	盧方方／劉禹廷	
《嘰呱森林》	茉莉	廖之瑋／劉禹廷	
《臭烘烘的游泳池》	茉莉	廖之瑋／劉禹廷	
《這不是我的帽子》	親子天下	雍·卡拉森	
《逃獄大作戰》	青林	穗高順也／西村敏雄	
《當小偷的第一天》	巴巴	劉旭恭	

《一定是貓做的》	步步	大衛・卡利／瑪嘉莉・克拉弗雷	
《紅屁股小偷事件》	格林	理查・伯恩	
《動物選總統》	上誼	安德烈・何德里格斯、拉瑞莎・希貝羅、寶拉・德斯奎多、佩德羅・馬昆	品德教育曾列入
《我選我自己》	米奇巴克	馬丁・巴茲塞特／馬克・布塔方	
《去投票吧》	親子天下	馬克・舒爾曼／沙基・布勒奇	
《愛達的想像力：世界上第一位程式設計師》	維京	費歐娜・羅賓森	
《設計漢堡城的廚師機器人》	親子天下	柳旻嬋／金美善	
《啟動兒童樂園的超級電腦》	親子天下	柳旻嬋／金美善	
《找回古代女神的密碼寶石》	親子天下	柳旻嬋／金美善	
《親愛的恐龍》	台灣東方	切・史卓希／妮可拉・歐白恩	
《聽說小豬變地瓜了》	維京	宮西達也	
《第二個惡人》	拾光	林木林／庄野菜穗子	
《感冒的魚》	童夢館	朴正燮	
《他們都看見一隻貓》	道聲	布蘭登・溫佐	
《三隻小豬的真實故事》	格林	雍・薛斯卡／藍・史密斯	
《草原上的八卦》	幼獅	卡薩麗娜 **E**・沃克／克里欽及費比安・傑洛米斯	
《Winnie and Wilbur: The New Computer》	**Oxford University Press**	**Valerie Thomas, Korky Paul**	
《如果你給老鼠玩手機》	童夢館	**Ann Droyd**	
《我想變成媽媽的手機》	小天下	信實	
《誰才是寶貝》	小熊	黃志民	
安全教育			
《鱷魚受傷了》	小魯	小風幸／山口真生	
《啊！請小心意外小惡魔》	聯經	蔡秀敏／蔡美保	
《巴警官與狗利亞》	格林	佩姬・拉曼	

書名	出版社	作繪者	備註
《怎麼卡卡住了》	韋伯	丹尼爾・納普	
《妖怪交通安全》	青林	廣瀨克也	
《書中有一道牆》	三民書局	強・艾吉	
《傳說河裡有個獨眼怪》	格林	艾可菲／馬修・莫德	
《大象亮亮》	小天下	王文華／黃祈嘉	
《11隻貓別靠近袋子》	道聲	馬場登	
《叢林派對》	台灣東方	布萊恩・懷德史密斯	
《三隻山羊嘎啦嘎啦》	遠流	瑪夏・布朗	
《古飛樂》	格林	唐娜森／薛弗勒	
《一吋蟲》	上誼	李歐・李奧尼	
《遜咖威利》	道聲	安東尼・布朗	
《大英雄威利》	道聲	安東尼・布朗	
《小惡魔來報到》	小光點	張元綺	
《被欺負時，可以打回去嗎》	采實	高大永／金永鎮	
《是誰搶走了我的名字》	小天下	塔西亞	
《簡愛，狐狸與我》	字畝	芬妮・布莉特／伊莎貝爾・阿瑟諾	
《小旅鼠向前衝》	三民書局	約翰・布里格斯／妮可拉・史雷特	
防災教育			
《森林是我家》	格林	大衛・卡利／吉恩・弗利	
《颱風那一天》	格林	程麗娜	
《颱風來了》	青林	宮越曉子	
《討厭的颱風》	遠流	王春子	
《打氣粥》	小典藏	邱彩綢／莊詠婷	
《小番茄的滋味》	小天下	劉清彥／鍾易真	
《地震搖啊搖》	韋伯	皮姆・凡赫斯特／瑪戈・森登	
《地震了！這個時候該怎麼辦》	小熊	國崎信江／福田岩緒	

《地震跑跑：從為什麼到怎麼辦，安全避難小百科》	野人	申東京／弘起韓
《鞦韆／鞦韆飛起來》	遠流（紙本絕版，有電子書）	吳念真／何雲姿
《1000 把大提琴的合奏》	遠流	伊勢英子
《天亮了，開窗囉》，	遠流	荒井良二
《我的爸爸是消防隊員》	台灣東方	平田昌廣／鈴木守
《深夜裡的鐵道英雄》	台灣東方	鎌田步
生涯規劃教育		
《我是湯匙》	維京	艾美·克蘿思·羅森朵／史考特·馬谷
《虎斑貓小吉的優點》	台灣東方	H@L
《有些事，我特別厲害》	采實	菊田真理子
《我家在海邊》	小天下	瓊安·史瓦茲／席尼·史密斯
《小豆子》	三民書局	大衛·卡利／賽巴斯提安·穆藍
《古倫巴幼兒園》	臺灣麥克	西內南／堀內誠一
《最黑暗的地方：加拿大第一位太空人的故事》	維京	克里斯·哈德菲爾德、凱特·菲利安／范恩兄弟
《艾瑪和茱莉亞都愛芭蕾舞》	水滴	芭芭拉·麥克林托克
《天鵝：安娜·帕芙洛娃的舞蹈人生》	維京	蘿拉·史奈德／朱莉·莫斯黛
《亨利·盧梭的奇幻叢林》	遠流	米榭兒·馬凱／雅曼達·荷爾
《工作達人 1-4 系列套書》	小天下	鈴木典丈
《現在工作中》	小魯	越智登代子／秋山友子
《長大後，你想做什麼》	聯經	劉宗銘
《職業大發現：你長大後想做什麼》	新雅	亞哥斯提諾·特萊尼
《大人上班都在做什麼》	臺灣麥克	維吉妮·摩根
《杯杯英雄》	道聲	蔡兆倫
《驢子圖書館》	小典藏	貞娜·溫特
《和平樹：一則來自非洲的真實故事》	小魯	貞娜·溫特

書名	出版社	作繪者	備註
《小報亭》	三民書局	安娜德・梅樂希	
多元文化教育			
《島國的孩子》	時報	朱諾・狄亞茲／李歐・埃斯皮納索	
《少年西拉雅》	青林	林滿秋／張又然	
《聽 **Fofo** 說故事：臺灣原住民族的文學風景》	玉山社	連翊翔／吳雅怡	
《不要叫我秀子了》	玉山社	於保誠	
《夢想中的陀螺》	維京	陳玉金／呂游銘	
《雞蛋花》	信誼	周見信、郭乃文	
《紋山：中橫的故事》	小天下	李如青、嚴淑女	
《回家》	聯經	孫心瑜	
《酒釀》	聯經	孫心瑜	
《一家人的南門市場》	聯經	葉益青／張瓊文	
《到部落共餐》	小典藏	葉思吟／蔡元婷	
《會飛的禮物》	小典藏	范欽慧／莊詠婷	
《蘋果甜蜜蜜》	聯經	陳盈帆	
《爸爸的友善茶園》	小魯	張秀毓	
《那年冬天》	和英	陳玉金／呂游銘	
《噴射龜》	巴巴	蔡明原／黃祈嘉	
《出大甲城》	步步	**Ballboss**	
《曹操掉下去了》	巴巴	王文華／陳狐狸	
《火燒厝》	巴巴	廖炳焜／王書曼	
《獨眼孫悟空》	巴巴	張嘉驊／南君	
《惡地公的花生糖》	阿之寶手創館	王威智／劉鎮豪	
《爺們不是好兄弟》	阿之寶手創館	王威智／吳孟芸	
《小桃妹》	信誼	江明恭	
《阿婆的燈籠樹》	小魯	張秀毓	

《藍色小洋裝》	青林	張又然	
《紅花仔布的祕密》	巴巴	林芳萍／卓昆峰	
《透明的小孩：無國籍移工兒童的故事》	字畝	幸佳慧／陳昱伶	
《蟬》	格林	陳志勇	
《大野狼從故事裡跑出來了》	薪展	維若妮卡・卡普蘭／葛雷果・馬畢爾	
《想讀書的熊》	維京	艾瑪・奇切斯特・克拉克	
《大熊去圖書館》	道聲	邦妮・貝克／凱蒂・麥唐納・丹頓	
《狗狗好愛書》	台灣東方	露易絲・葉慈	
《狐狸愛上圖書館》	小天下	羅倫斯・波利／卡特琳・莎樂爾	
《愛吃書的狐狸先生》	三采	芙蘭奇絲卡・畢爾曼	
《書之子》	上誼	奧利佛・傑法、山姆・溫斯頓	
《書之樹》	三民書局	保羅・薩傑克／拉辛・荷里耶	
《書**book**》	台灣東方	大衛・邁爾斯／納塔莉・胡波斯	
《狗狗愛上掌上圖書館》	韋伯	羅倫斯・保利／卡特琳・莎樂爾	
《圖畫在說悄悄話》	小天下	潘蜜拉・札格倫斯基	
《不可思議的吃書男孩》	三民書局	奧利佛・傑法	
《小旅鼠沒讀過這本書》	小典藏	安・黛克蔓／澤切里亞・歐哈拉	
《大野狼才要小心》	小魯	重森千佳	
《威斯利王國》	和英	保羅・弗萊舒門／凱文・霍克斯	
《書是我的翅膀，帶我去世界》	大穎	權載喜	
《你送玫瑰，我送什麼呢？》	小熊	方素珍／何怡萱	
《飛行員與小王子：聖修伯里的一生》	格林	彼德・席斯	
《狐狸與飛行員》	大塊	盧卡・托托里尼／安娜・佛拉提	
《尋找心中的小王子》	格林	王家珠	
《星球上的小王子》	韋伯	愛涅絲・德・雷斯塔／瓦樂麗・多坎波	
《白雪公主和七十七個小矮人》	維京	大衛・卡利／菈菲爾，芭芭奈格	
《不一樣的仙杜瑞拉》	維京	大衛・卡利／菈菲爾，芭芭奈格	

書名	出版社	作繪者	備註
《從天空看桃太郎》	小光點	影山徹	
《What Do Authors and Illustrators Do》	HMH Books	Eileen Christelow	即將有中文版
戶外教育			
《公園裡有一首詩》	米奇巴克	米夏・亞齊	
《溜達雞》	信誼	戴芸／李卓穎	
《就快了》	上誼	提摩太・奈普曼／派克・賓森	
《無所事事的美好一天》	阿布拉	碧翠絲・阿雷馬娜	
《Unplugged》	Hodder Children's Books	Steve Antony	
《寂靜山徑的呼喚》	幼獅	范欽慧／陳維霖	
《山中》	大塊	馬努葉爾・馬爾索、卡門・奇卡	
《走出森林的小紅帽》	道聲	韓煦	
《愛搶第一的小火龍》	布克	羅伯特・斯塔林	
《可以回家了嗎》	小天下	喬里・約翰／班傑・戴維斯	
《如果你想蓋樹屋》	剛好	卡特・希金斯／艾米莉・休斯	
《爸爸，我們來抓鯨魚吧》	剛好	林秀貞／金美貞	
《尋找漿果的過程》	奧林	李芝殷	
《森林裡的小松鼠：春天來了》	小天下	岩村和朗	
《森林裡的小松鼠：西北雨來了》	小天下	岩村和朗	
《森林裡的小松鼠：好紅好紅的紅毛衣》	小天下	岩村和朗	
《森林裡的小松鼠：熱呼呼的下雪天》	小天下	岩村和朗	
《台灣生態尋寶趣》	水滴	許增巧	
《台灣最美的地方：國家公園地圖》	聯經	陳又凌	
《走進大自然》	臺灣麥克	凱・麥奎爾／丹妮爾・克洛	
《河流》	維京	莫妮卡・法斯那維奇涅	

《世界的一天》	漢聲	安野光雅、艾力克·卡爾、雷蒙·布力格、尼古拉·葉布赫、林明子、強·卡爾比、李奧·狄倫、戴安·迪倫、朱成梁、龍·布魯克斯	
《世界的孩子，不一樣的生活：來自**7**個國家的**7**個孩子，食衣住行都不同的一天》	小天下	麥特·拉莫斯	
《世界各地的孩子》	韋伯	萊納·奧利維耶／艾琳·凡·林登卉森	
《北緯**36**度線》	聯經	小林豊	
《如果地球是個小村莊：認識世界各地人們的生活》	東方	大衛·史密斯／席拉·阿姆斯壯	
《孩子，你就是世界的一片拼圖》	小樹	泰莎·史垂克蘭德、凱特·德帕爾馬／大衛·狄恩	
《我會跟全世界打招呼！》	水滴	班·漢地考特／肯納·帕克	
《**Seven Pablos**》	**Enchanted Lion Books**	**Jorge Lujan, Chiara Carrer**	
《為什麼會有國際衝突》	親子天下	路易絲·史比爾斯布里、凱里·羅伯茲／漢娜尼·凱	
《我自己的博物館》	步步	艾瑪·路易斯	
《世界城市趴趴走》	上誼	貝雅蒂斯·維隆	
《世界奇景趴趴走》	上誼	貝雅蒂斯·維隆	
《環球大探險》	臺灣麥克	瑞秋·威廉斯／露西·麗瑟蘭	
《好多好多》	時報	馬可·馬汀	
《拉曬歐洲》	上誼	妮可·龍白	
《**Flying Colors** 國旗的故事：世界國旗的設計、歷史與文化》	麥浩斯	羅賓·雅各布／羅伯特·**G**·弗雷森	
《歡迎來到這個美麗的星球》	上誼	奧利佛·傑法	

國家圖書館出版品預行編目資料

繪本教養地圖：孩子需要的繪本 180 選 整合 108 課綱 2020 修訂版 / 海狗房東著 . -- 二版 .
-- 臺北市 : 三采文化 , 2020.05
面；　公分 . --（親子共學堂：25）
ISBN 978-957-658-337-7（平裝）

1. 繪本 2. 讀物研究

011.94　　109004181

親子共學堂25

繪本教養地圖 孩子需要的繪本180選

整合108課綱 2020年修訂版

作者｜海狗房東　行政主編｜杜雅婷

美術主編｜藍秀婷　美術編輯｜曾瓊慧、謝孃瑩、菩薩蠻數位有限公司　封面設計｜謝孃瑩

發行人｜張輝明　總編輯｜曾雅青

發行所｜三采文化股份有限公司　地址｜台北市內湖區瑞光路 513 巷 33 號 8 樓

傳訊｜TEL：8797-1234　FAX：8797-1688　網址｜www.suncolor.com.tw

郵政劃撥｜帳號：14319060　戶名：三采文化股份有限公司

二版一刷｜2020 年 5 月 22 日　定價｜NT$380